ラクして-10cmおなかやせ！

くびれ革命

はじめに

「どうすればおなかまわりが引き締まりますか？」

ヨガのレッスンなどを通じ、生徒さんにいちばんよく聞かれる質問かもしれません。大人の女性のボディラインの悩みといえば、やはり、おなかまわりのたるみ。おなかの筋肉は実は正しく使うのが難しく、引き締めにくいので、年齢を重ねるほど、下腹や腰上、胃のまわりなどに余分なお肉がついてきます。

　おなかまわりの筋肉が正しく使えないのは、実は姿勢が原因。デスクワークのときや、スマホを見るときなど、つい前かがみの姿勢で長時間いることが多くなる現代の私たち。さらに、年齢を重ねるにつれ、筋肉が衰え、重力に負けてきます。すると肋骨と肋骨の間や、肋骨と骨盤の間がつぶれ、肋骨が下部から外側に開きます。

そして、肋骨が開いたところに内臓が落ち込んでずん胴に。

ほうっておくと、そのまわりに脂肪がついたり、姿勢の悪さから呼吸が浅くなって代謝も下がり余計太りやすくなったりするなど、悪循環に陥ってしまうのです。

これは、やせていても起こる現象。大人になると、体重は減ってもおなかまわりがたるみやすくなるのは、こうしたメカニズムが原因になっているのです。

大人の女性のおなかまわりを引き締めるには、まず姿勢の改善、そして効率的におなか

After

Before

留学中3カ月で20kgも太り、いちばん体重があったときは63kg。ヨガを始めて3カ月ほどで留学前の体重に戻すことに成功し、現在は42kg。ウエストは51～53cmをキープ中。

の筋肉を使って引き締めるエクササイズを加えることが必須です。

大人の女性の最大の悩みを解決すべく生み出したのが、この本でご紹介する、くびれづくりのためのａｙａオリジナルの「くびれ覚醒メソッド」です。

どんなエクササイズも、続けなければ効果は出ないのです。けれど、忙しい大人の女性は、キツい、難しいメソッドは、どうしたって続けられません。ですから私は、これまで培ってきたヨガや筋肉トレーニングの実践的知識をもとに、ラクにできて、覚えやすい方法を開発しました。

私が目指しているのは、細いだけじゃない、しなやかなボディライン。女性らしいカーヴィなボディラインに欠かせないのが「くびれ」。この本では、年齢とともに失われるくびれを復活させるメソッドを中心に、おなかまわり全体をデザインし直すメソッドをお伝えします。毎日続けさえすれば、体への負担や無駄な努力なしで、最短で結果が出せます。

「こんな簡単なメソッドで、本当にくびれができるの？」と思われるかもしれません。実際にモニターのかたたちに3週間続けていただいたところ、個人差はあるものの、目に見えて効果が現れました。

40代に入った今、私のウエストは51㎝。自分の理想のボディラインをキープできています。年齢を重ねても、努力すれば筋肉は必ず応えてくれることを、私は身をもって実感しています。

そんな私が大人の女性のために考案した「くびれ覚醒メソッド」、さっそく今日から始めて、一生もののくびれを手に入れましょう。

contents

contents

Introduction

「くびれ革命」

「くびれ筋」を目覚めさせれば
何歳からでも
「くびれ」はつくれます

「くびれ」がないのは
肋骨がつぶれて開いているから

運動やダイエットをがんばっているのに、おなかまわりがすっきりしない。年齢を重ねるほど効果が出にくくなってきた。大人の女性に共通する悩みですね。実は大人の女性の場合、おなかまわりのたるみの原因は、「肋骨のつぶれ」と「肋骨の開き」であることが多いのです。

肋骨は頑丈で動かないというイメージがありますが、一般的に、肋骨と骨盤の間隔、肋骨と肋骨の間隔は、年齢とともにつぶれていきます。すると肋骨は外側に開き、ずん胴に。そこに内臓が落ち込んでシルエットがたるみ、使われなくなったおなかまわりにさらに脂肪がたまっていくのです。

「肋骨のつぶれ」と「肋骨の開き」の最大の原因は、姿勢の悪さ。猫背、反り腰などを改善せずにいると、年齢とともに重力に負けて「つぶれ」や「開き」が起きてしまうのです。くびれを手に入れたいのなら、まずは体に正しい姿勢を記憶させ、次に「くびれ筋」を鍛える、という2ステップが必要です。

40代でもミラクルボディ！
ayaの3サイズ公開！

肋骨が正しい
位置にあれば
くびれが出現！
バスト
85cm
ヒップ
87cm
ウエスト
51cm

目指すべきは、細いだけじゃない「カーヴィ」なくびれ！

やせている＝ボディラインが美しい、わけではありません。目指すべきは女性らしい丸みのある、しなやかなボディ。「くびれ」は女性らしい美しいボディラインの要。前後から見ても横から見てもくびれがあり、下腹や腰上がすっきりとしていれば、全身がすっと伸び、ヘルシーで若々しい印象になります。大人の女性ほど、「くびれ」の有無が重要になるのです。

とはいえ、腹筋運動をがんばっても、体の外側の筋肉だけ鍛えられて、かえって太くずん胴になってしまうことも。ベリーダンサーはやせてはいなくてもくびれがあります。それはインナーマッスルを使って体を動かしているから。姿勢を整えて肋骨を引き上げ、外側ではなくふだん動かせていない内側の筋肉を集中して鍛えて、しなやかでやわらかいラインを目指しましょう。下がっていた内臓も引き上がって働きもスムーズになり、おなかまわり全体が自然とすっきりしてきます。

女性らしさを感じさせるカーヴィな美しいくびれ

おなかの
前面が
出ていない
下腹
すっきり
腰上に
肉がのって
いない
引き締まった
ウエスト
へその
両脇に
縦の線
メリハリの
あるライン

Side　　Front

れて開きくびれが消滅する！

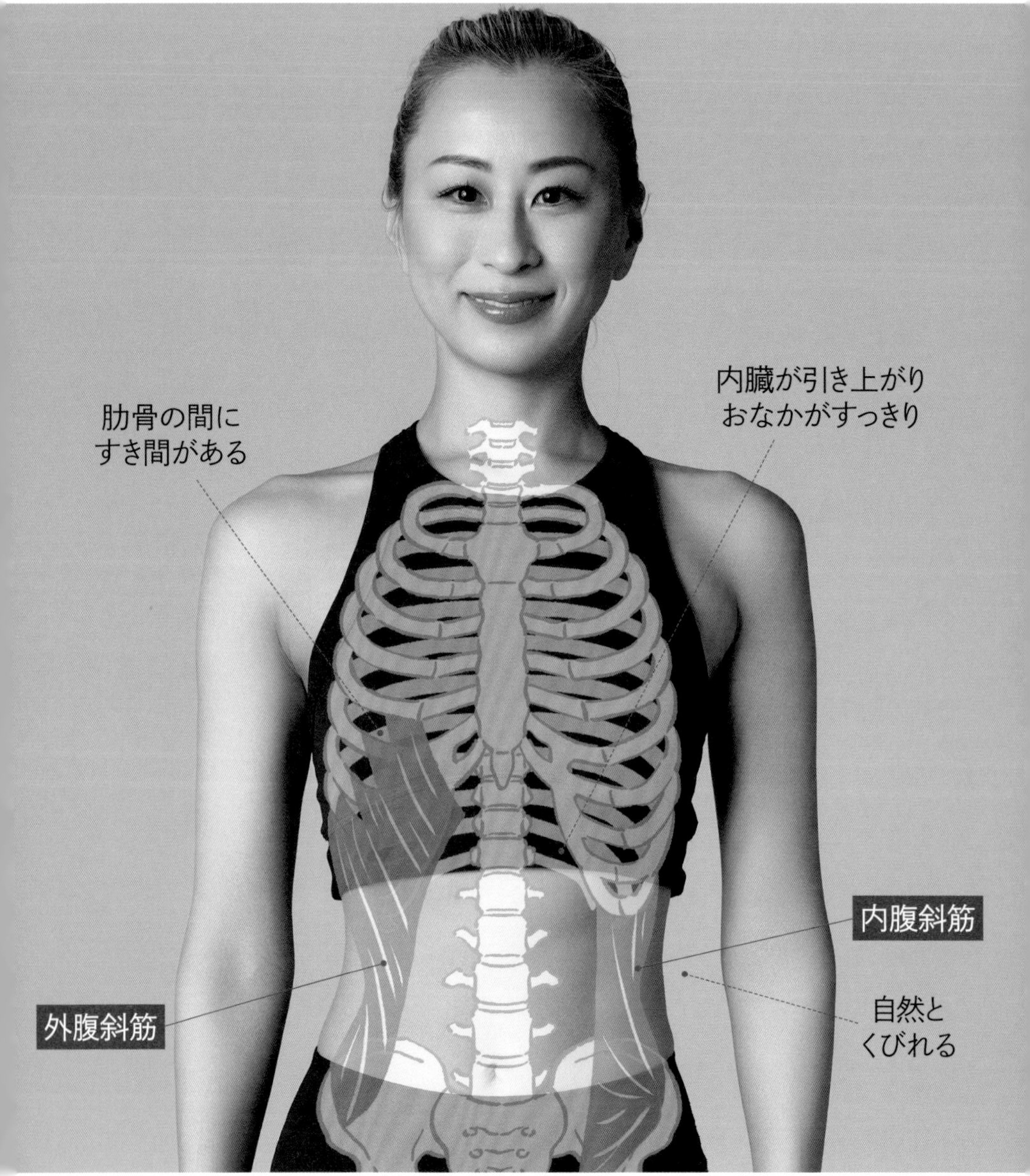
肋骨の間に
すき間がある
内臓が引き上がり
おなかがすっきり
内腹斜筋
外腹斜筋
自然と
くびれる

くびれあり

姿勢が悪いと、肋骨がつぶ

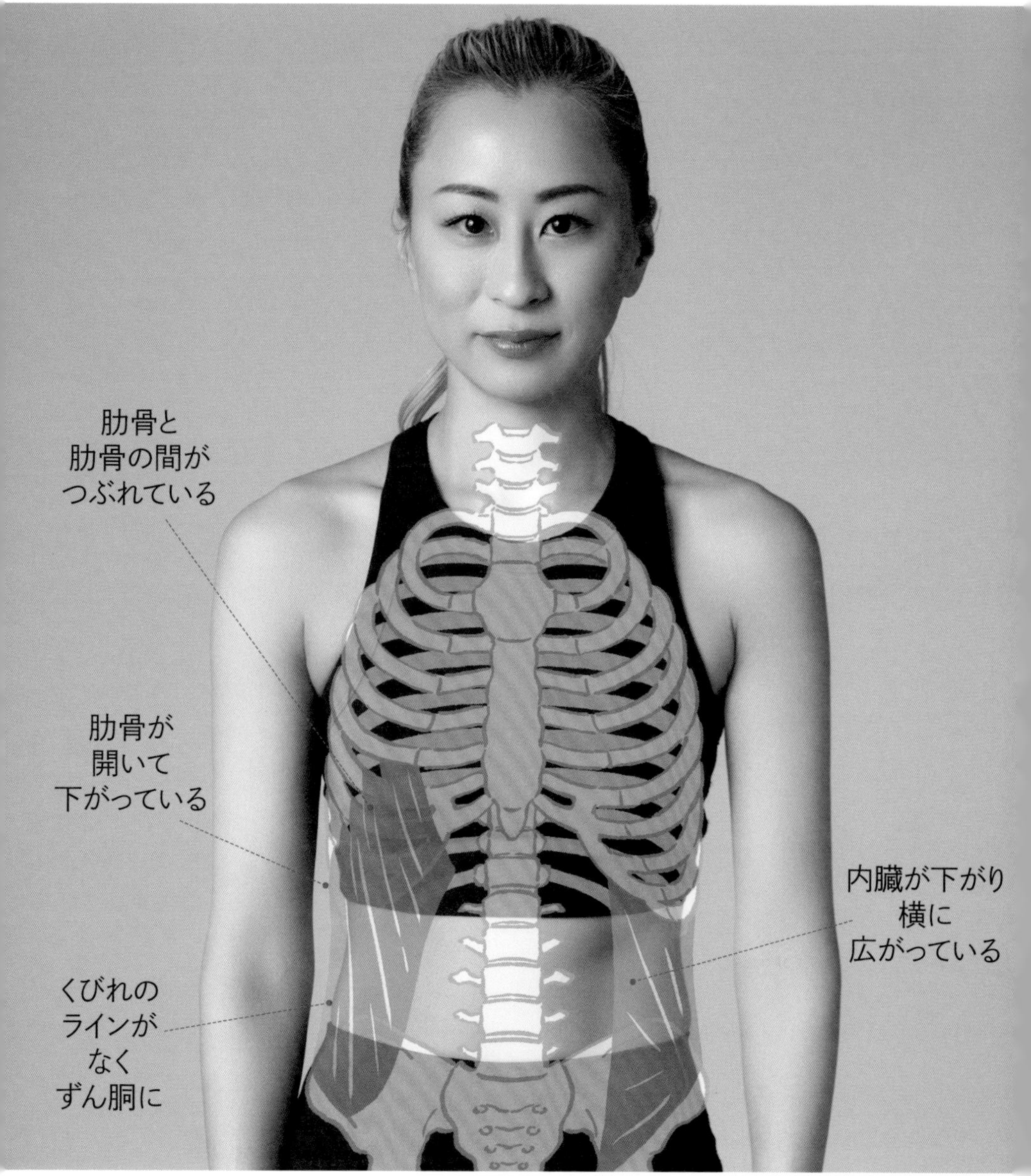
肋骨と
肋骨の間が
つぶれている
肋骨が
開いて
下がっている
くびれの
ラインが
なく
ずん胴に
内臓が下がり
横に
広がっている

くびれなし

「くびれ」が出現する正しい姿勢をキープするには筋肉が不可欠

さわってみるとわかるように、肋骨は腕や首の骨に比べて細いのです。ですから、まわりの筋肉が凝り固まっていると、動きが制限されたり、広がったままになったりして正しい姿勢がとれません。肋骨が閉じた美しい姿勢をキープするための筋肉を、内側・外側からつけていきましょう。

体の内側から筋肉を刺激するには呼吸が最重要！　腹圧をコントロールして、肋骨を閉める呼吸法をマスターしましょう(42ページ)。

体の外側からのアプローチでは、まず腹斜筋を鍛えることが重要。ウエストのラインを引き締めるだけではなく、姿勢を安定させる役割もある筋肉で、鍛えれば、前後に傾く骨盤を正しい位置にキープできるようになります。筋肉が正しく使われることで代謝が上がり、おなかまわりにたまっていた脂肪も徐々に落ちてすっきり。プラスの連鎖でめぐりのよい体をつくります。

「くびれ」に筋肉が大事な理由

① くびれの要！閉まった肋骨をキープする

くびれの出現する正しい姿勢を安定させるには、筋肉が必要不可欠。「くびれ覚醒メソッド」(p.24〜)を毎日続けることで、眠っていた「くびれ筋」を効果的に刺激。肋骨を引き上げながら閉めて、くびれを定着。

② 骨盤を安定させゆがみを防ぐ

ウエストを引き締める腹斜筋を鍛え、コルセットのように上半身を支えられるようにします。骨盤が周囲の凝った筋肉に引っぱられてゆがむのを防ぎ、正しいポジションをキープできるようになり、美しいくびれをサポート。

③ 代謝を上げ脂肪を落とす

使われていなかった筋肉が正しく機能することで、代謝がアップ。体を動かしやすくなるので、アクティブに動け、エネルギー消費もアップします。全身に血液がめぐるようになり、体調や肌の調子も上向きに。

「ゆがみ」を生み出す生活習慣も
ずん胴の原因に

筋肉がバランスをくずし、骨格がゆがむと、当たり前ですが正しい姿勢がとれなくなります。その結果、肋骨が開き、くびれが消失するのです。

生活習慣も「ゆがみ」の大きな原因です。デスクワークのときやスマホを見るときについ前かがみの姿勢になる、同じ側の足ばかり組んで座る、片側でばかりバッグを持つなど、不均等に体に負荷がかかった結果、肋骨がつぶれて開き、ずん胴が加速するのです。

生活習慣を見直し、固まってクセのついた筋肉を伸ばして正しく使えるようになると、肋骨も正しい位置に戻り、くびれもよみがえります。ａｙａ流のくびれのできる生活習慣もｐａｒｔ４でお伝えしていきます。

こんな
習慣は NG!
足を組んで
座る
片方で
バッグを持つ
猫背で
スマホを見る

年齢は関係なし！始めた人から「くびれ」は必ず現れます

実はおなかまわりの筋肉は、腕や太ももなどに比べて正しく使うのが難しく、効率的に鍛えにくい場所。そこで、肋骨を引き上げて閉め、くびれをつくる腹斜筋に効率よく負荷をかけて刺激する、ａｙａオリジナルの「くびれ覚醒メソッド」を考案しました。たった2つのラクちんなメソッドですが、続ければ確実にくびれをつくることができます。とくにふだん運動をしないという人ほど、効果を実感できると思います。

年齢を重ねると体は衰えます。何もしなければ誰でもずん胴一直線。けれど、筋肉は鍛えれば確実に応えてくれます。今からくびれづくりなんてムリ、と思っている人、とにかく「いま」からスタートしましょう！　必ず結果は出ます。そして、続けた人だけが、美しくなれるのです。

下腹が
せり出して
いる

Before

After

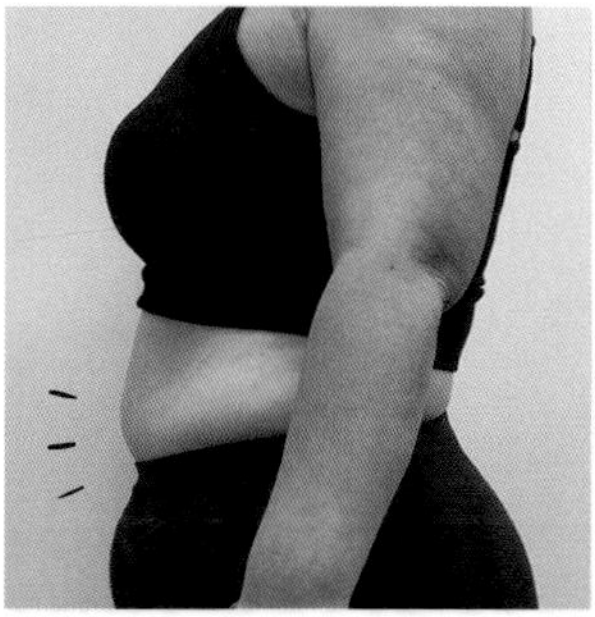

落ちにくい腰回りの代謝が上がり、浮き輪肉がすっきり。体が薄く！

ウエストの
位置に左右差
がある

Before

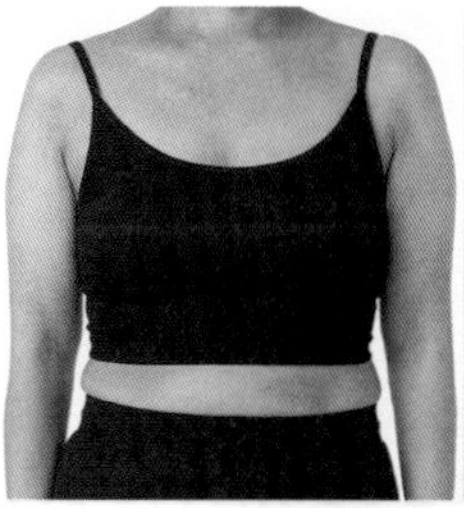

After

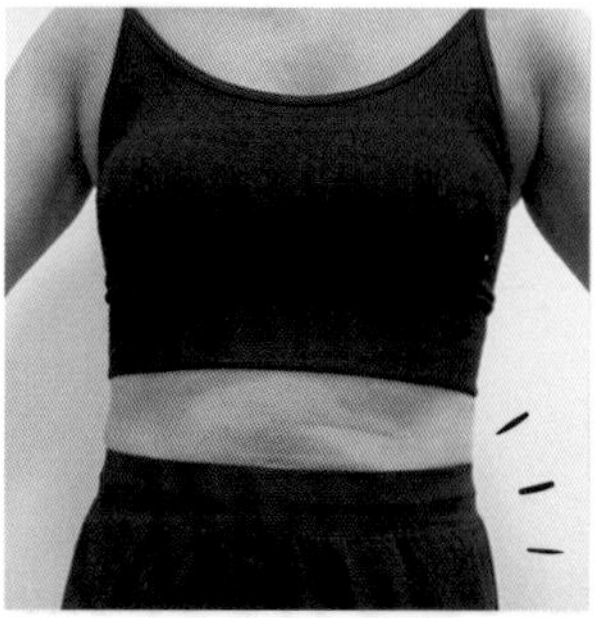

正しい姿勢が保てるようになり骨盤も安定。ウエストの位置が対称に。

aya流「くびれ覚醒メソッド」でくびれが出現！

下腹
ぽっこり

Before

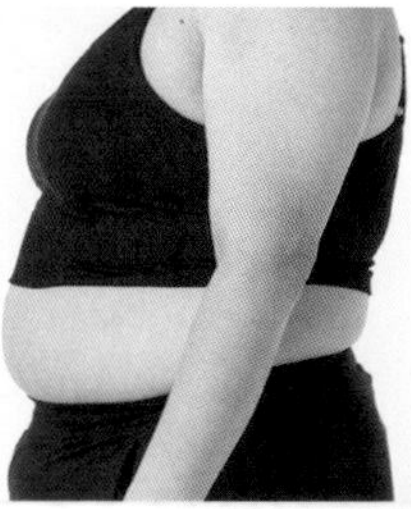

After

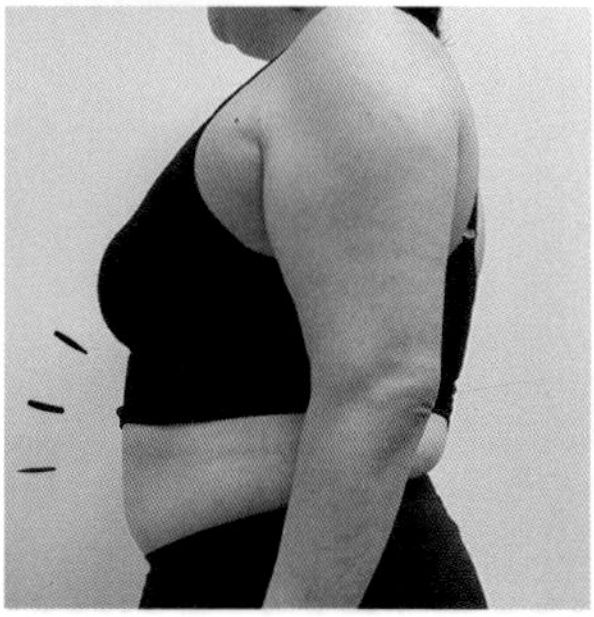

落ち込んでいた内臓が引き上がり、下腹が引き締まった！

みぞおちの
あたりが
出ている

Before

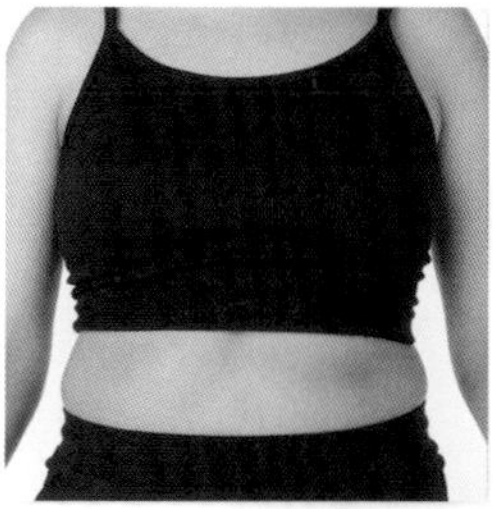

After

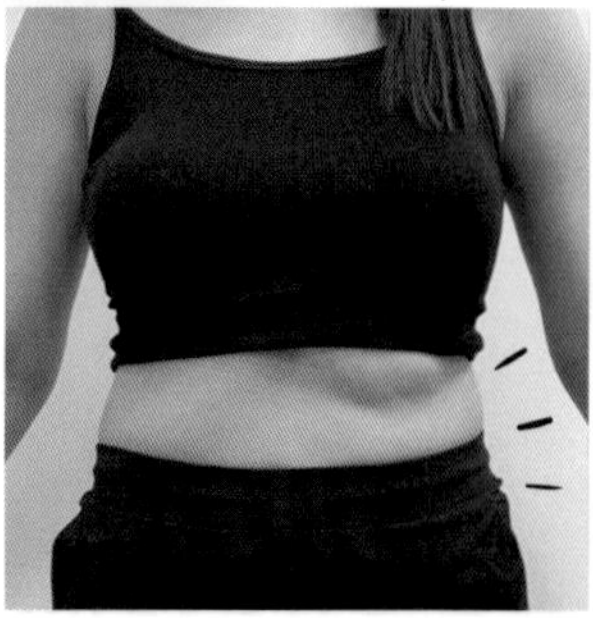

くびれ筋を効果的に刺激して引き締め、おなか全体がフラットに。

くびれ筋を最短ルートでつくる

くびれ覚醒
メソッド

1

くびれ掘り起こし体操

縮んだ肋骨の間をぐーっと伸ばしてすき間をつくり、さらに肋骨を引き上げて埋もれたくびれを掘り起こす「くびれ掘り起こし体操」。かかとに重心をのせて、しっかり肋骨の間や肋骨と骨盤の間を伸ばすこと。

1

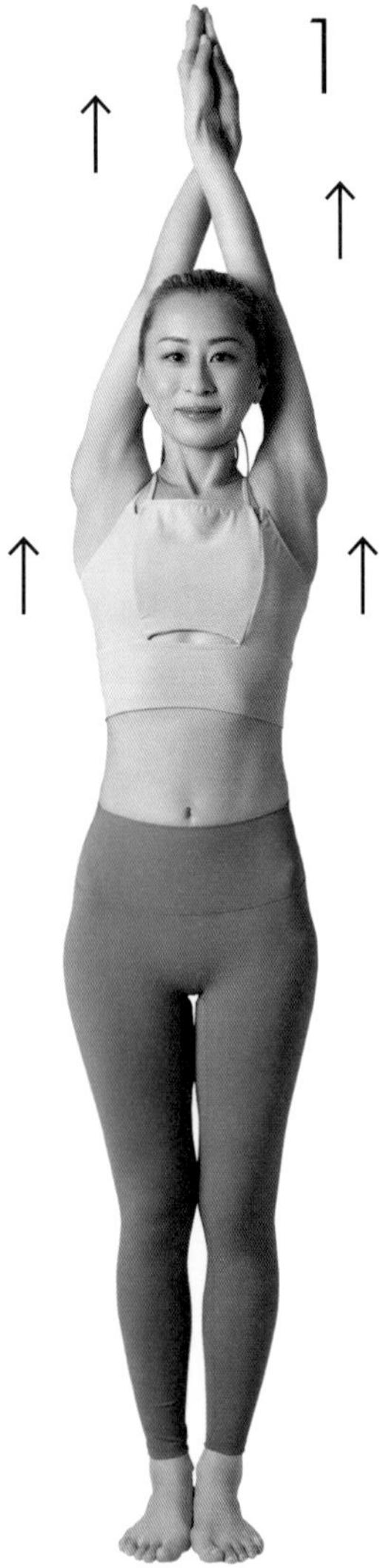

足をそろえて立つ。腕を頭の上に伸ばし、手をクロスして合掌、肋骨を高く上げる。反り腰にならないように。

2

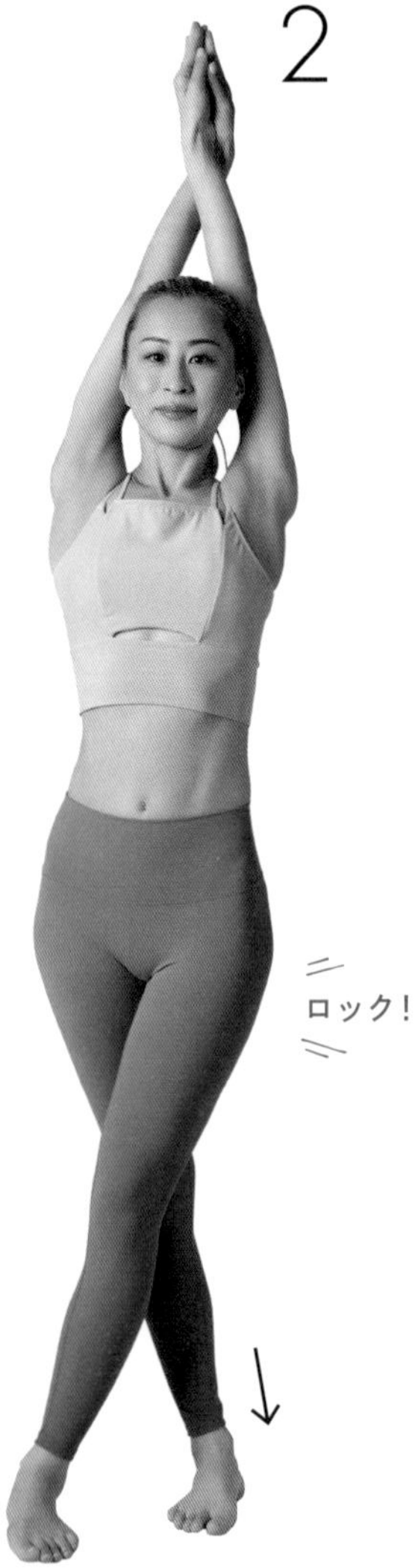

右足を左後ろに引き、つけ根から左足とクロス。足のつけ根にすき間ができないようにするのがポイント。

伸ばす
+
ねじる

「くびれ覚醒メソッド」で

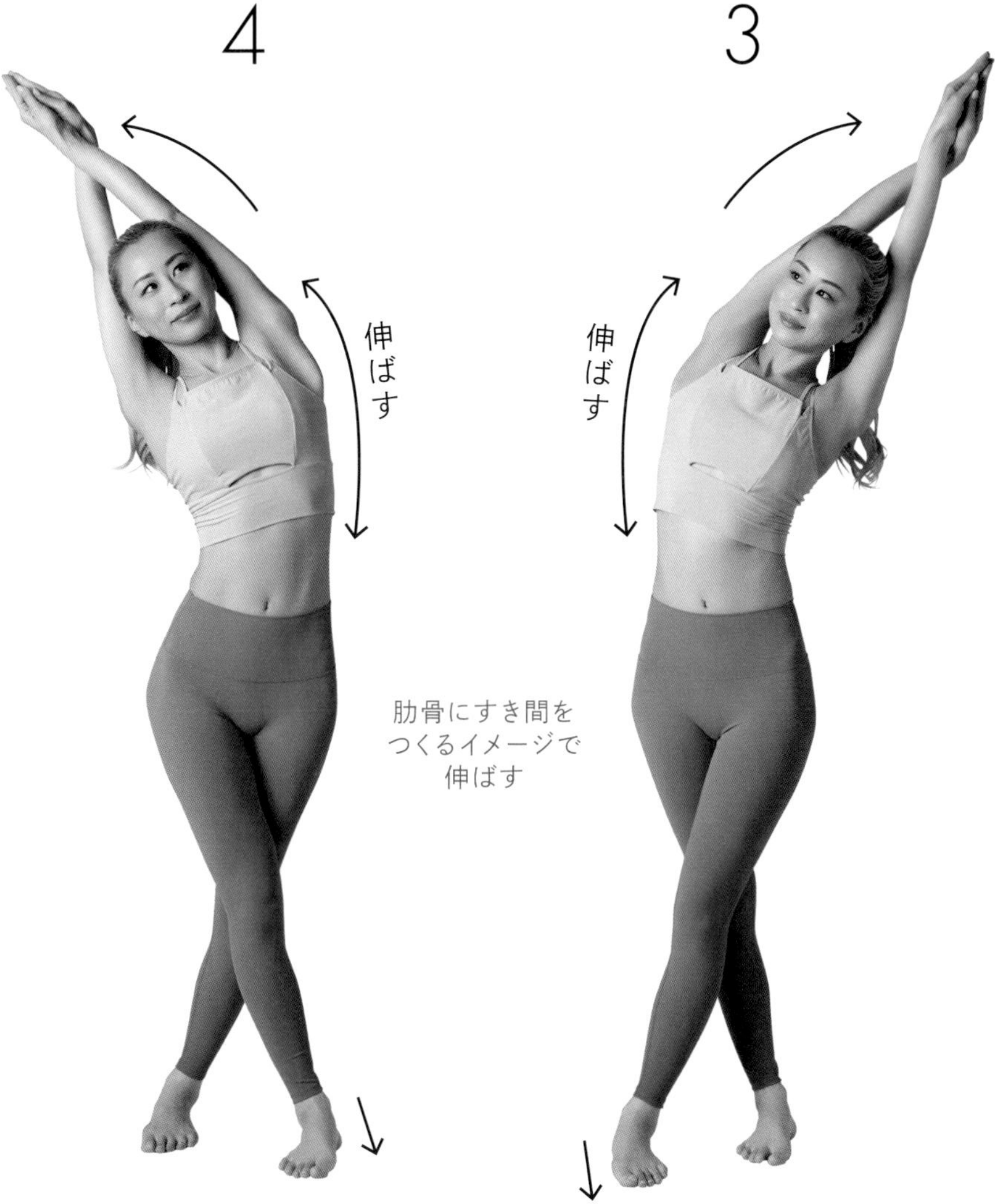
4
3
伸ばす
伸ばす
肋骨にすき間を
つくるイメージで
伸ばす

息を吐きながら上半身を後ろに引いた足の方向にゆっくり倒す。1の姿勢に戻り、今度は左足を右後ろに引いてクロスし、上半身を右に倒す。1〜4を10回繰り返す。1日10セット。

← 詳しいやり方はp.44へ

くびれ覚醒
メソッド

②

くびれ製造ツイスト

くびれにマストな腹斜筋を、脊柱（背骨）を回旋する（ねじる）動作で効率的に鍛える「くびれ製造ツイスト」。クロスした足で骨盤のぐらつきをロックし、腹斜筋にしっかりと負荷を与えて強化します。

1

まっすぐ立ち、右足を左後ろに引いて、左足とつけ根からクロス。右足に体重をかけて、骨盤を正面に向ける。

2

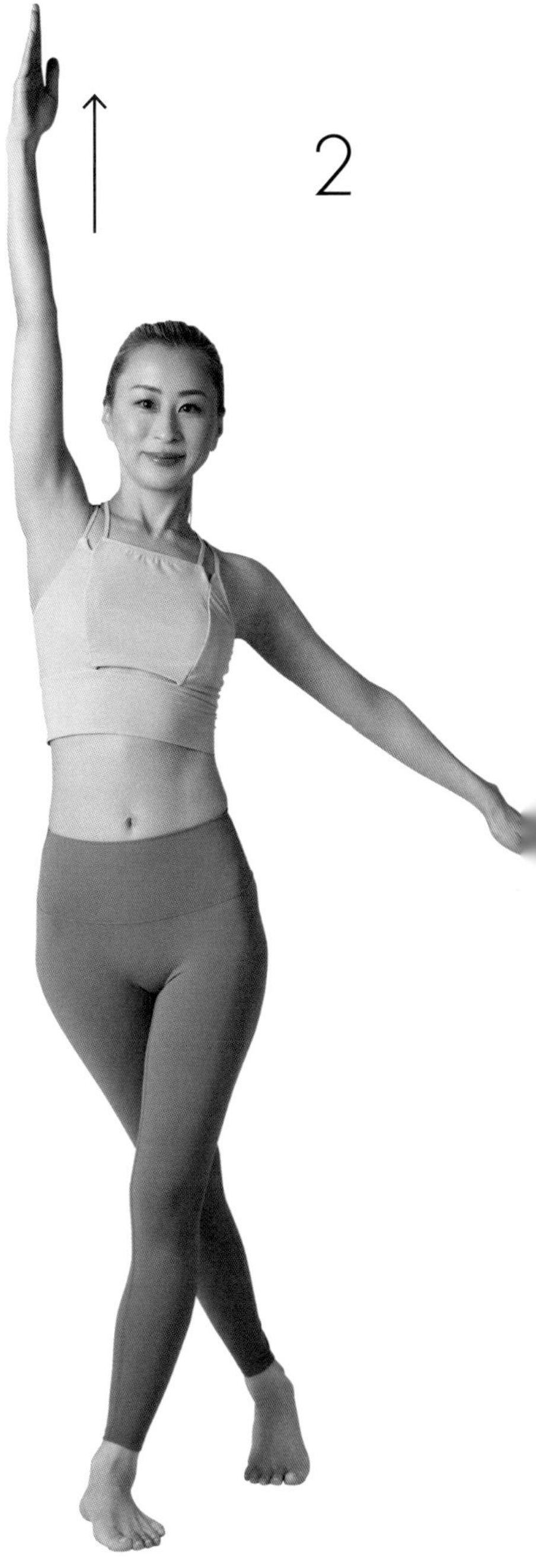

右手をまっすぐ上げ、左手を斜め後ろに引く。ひじが曲がらないように注意。左手は指先がおしりの高さになるくらいが◎。

3

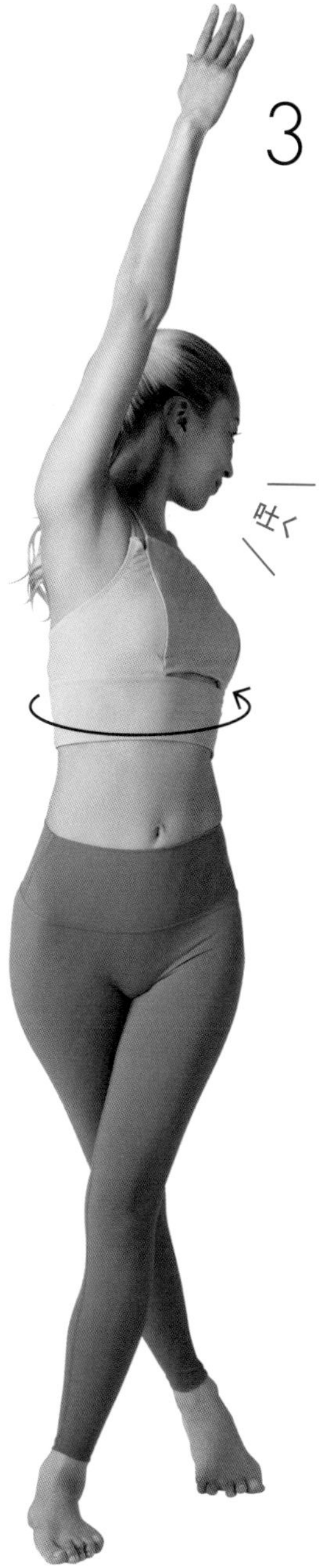

骨盤を正面に向けたまま、息を吐きながら上半身をねじる。両手でロープを持ち、下の手で上げた手を後ろに引っぱるイメージ。左右各10回を1日10セット。

2つの「くびれ覚醒メソッド」で出た結果は次のページをチェック！

← 詳しいやり方はp.48へ

モニターが体験

「くびれ掘り起こし体操」「くびれ製造ツイスト」で30代、40代、50代にくびれが出現！

ふだん全く運動をしない、年齢的にやせにくくなってきた、ジムの効果が出ない、何をやっても続かないなど……。お悩みも生活パターンもさまざまな30～50代のモニターさん4名に「くびれ覚醒メソッド」にチャレンジしていただきました。食事制限はなし！　自分のペースで「くびれ覚醒メソッド」を3週間毎日続けた結果……全員のおなかがすっきり引き締まりました！　中にはウエストサイズが7㎝マイナスになったかたがたも！

さらに、姿勢がよくなったことで筋肉が正しく使われるようになり、代謝がアップ。「おしりがきゅっと上がった！」「腰痛が改善された」「二重あごがすっきりした」など、おなかまわり以外のうれしい効果も！

共通ルール

Rules!

✔ 1日10セットを目標に！

トイレに立ったときに、お風呂の前に、歯磨き中に……。好きなときに少しずつ、1日10セットを目標にスタート。

✔ 休んでしまう日があってもOK

毎日続けようと思うとプレッシャーに。休んでもまた再開すればOK！と、気楽にチャレンジ。時間帯の制限もなし。

✔ 食事制限はなし

もちろんカロリーセーブしたほうが効果は早く出ますが、今回は食事制限によるダイエットはなし。

くびれ覚醒メソッド

① くびれ掘り起こし体操
＋
② くびれ製造ツイスト
を
1日10セット

＼ 3週間でこんな変化がありました！ ／

きつかったデニムがすんなりはけるように!

体がやわらかくなった

くびれができた

腰痛が解消した

やせた?と聞かれた

姿勢がよくなった

← 詳しい内容をCHECK!

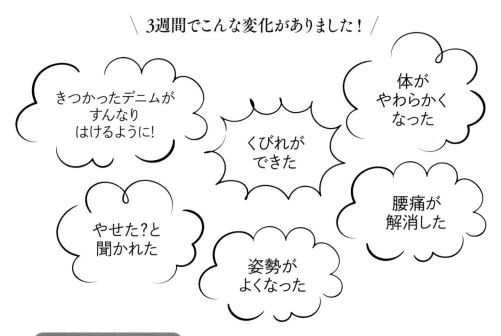

30代

仕事の合間にものんびり続けてデニムがゆるく

After　Before

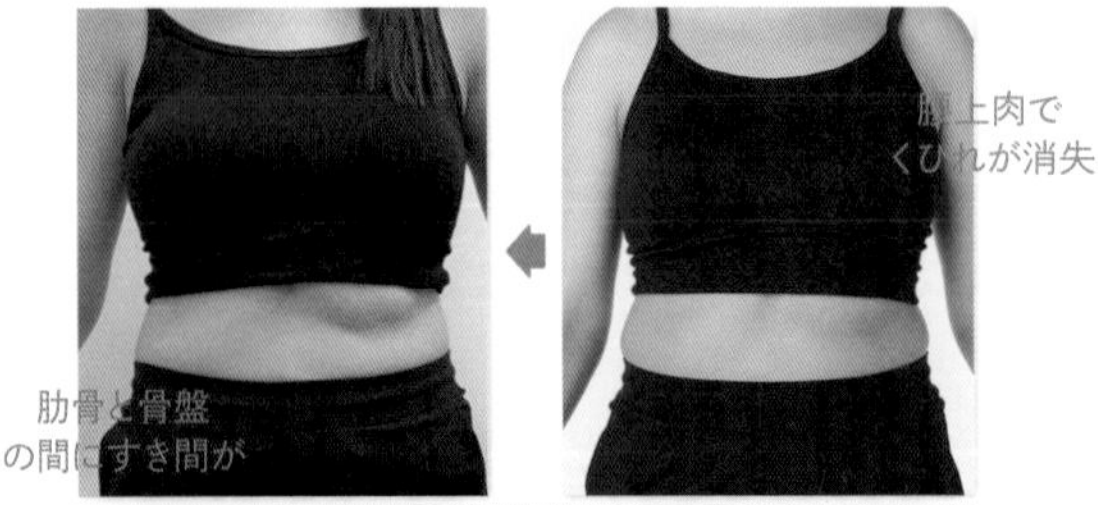

脇上肉で
くびれが消失
肋骨と骨盤
の間にすき間が

Front

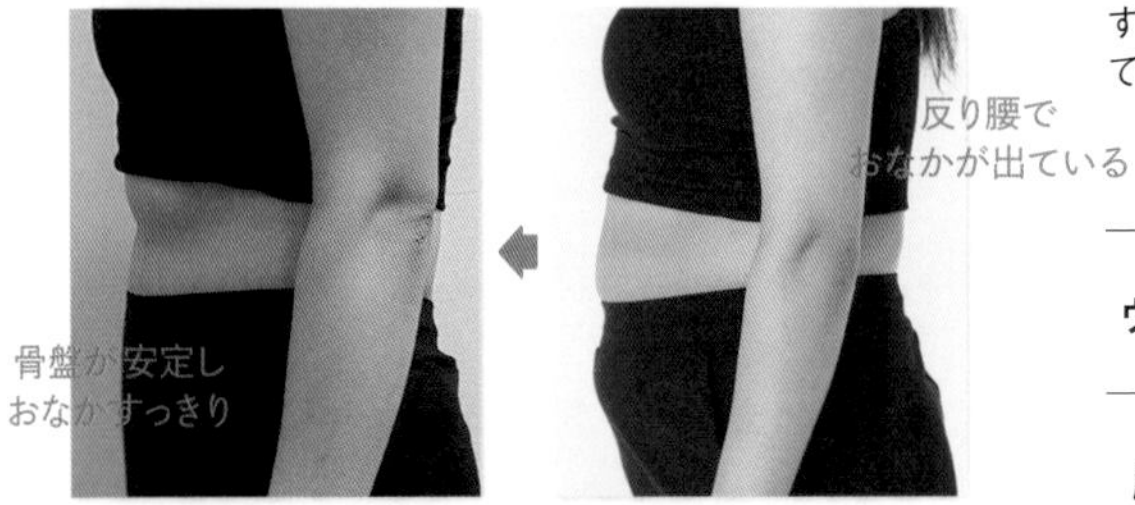

反り腰で
おなかが出ている
骨盤が安定し
おなかすっきり

Side

きつかったデニムにゆとりができたのがうれしい。ふだんからジムに通っているのですが、簡単な動きをやっただけで効果が出てびっくり。

	Before	After
ウエスト	87cm	-7cm 80cm
腰回り	89cm	-1.5cm 87.5cm

40代

1日1セットで-11cm！久々のくびれに感動

After　Before

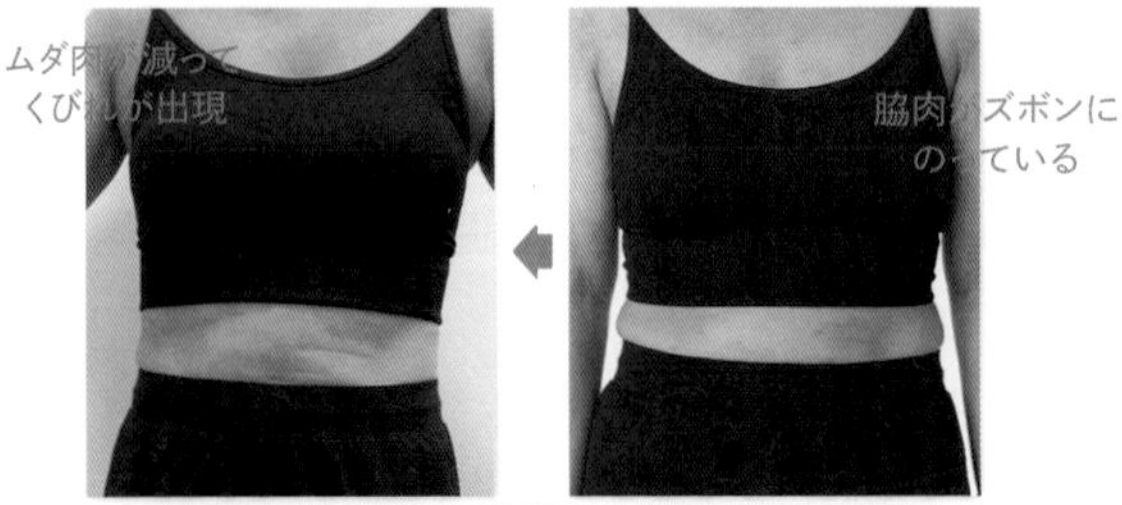

ムダ肉が減って
くびれが出現
脇肉がズボンに
のっている

Front

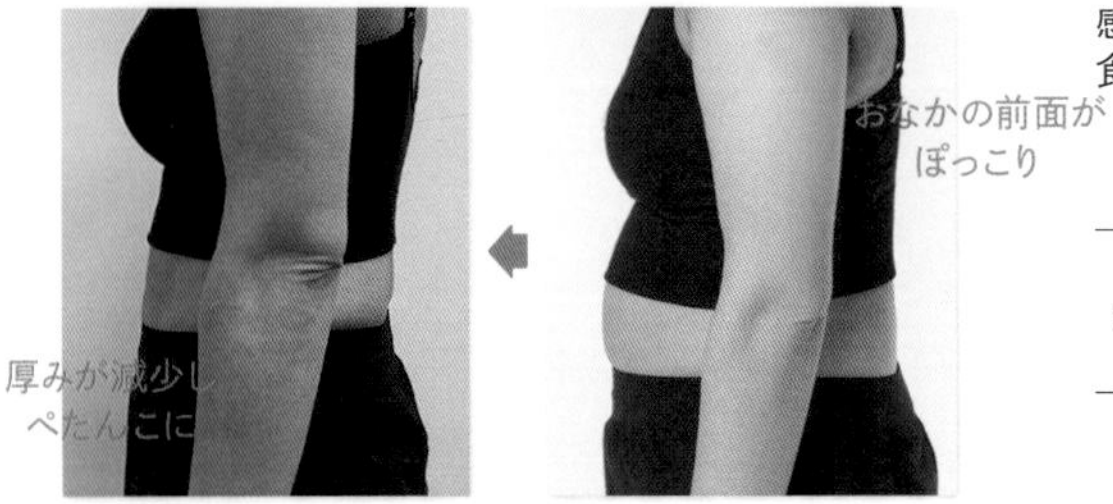

おなかの前面が
ぽっこり
厚みが減少し
ぺたんこに

Side

お風呂上がりに1セット。ぷにぷにしていた部分が2週間ほどで締まってきたのを実感。自然と食べ物も体にいいものを選んで食べるように。このまま続けていきたい！

	Before	After
ウエスト	76cm	-5cm 71cm
腰回り	85cm	-11cm 74cm

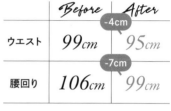

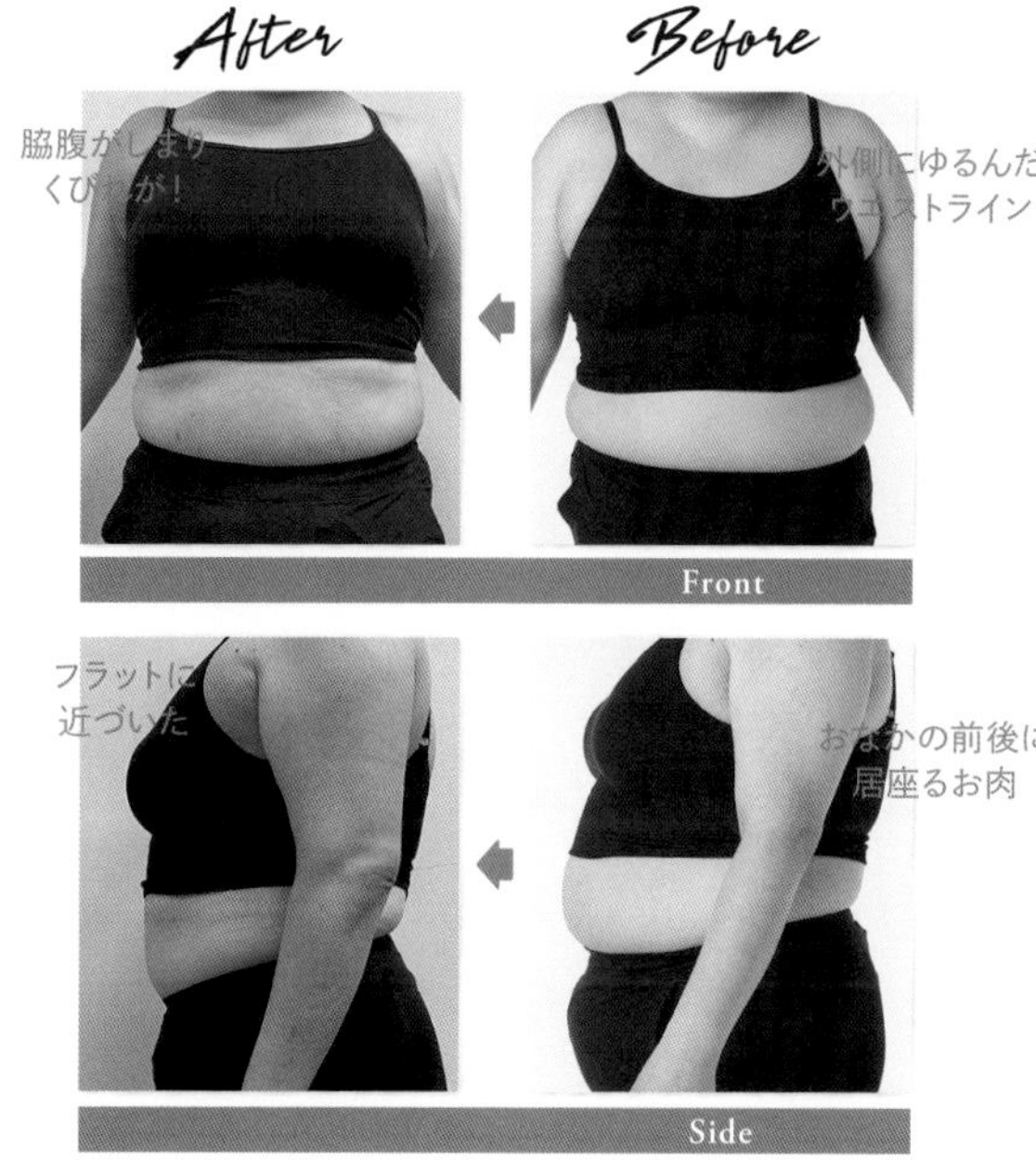
After
Before
脇腹がしまり
くびれが！

外側にゆるんだ
ウエストライン
Front
フラットに
近づいた
おなかの前後に
居座るお肉
Side

40代

お酒を飲んでしまったけど楽しみながらサイズダウン

単純な動きなので、「筋トレをしている」という感覚がなく続けられました。2週間後くらいから深くねじれるように。お酒も飲んだのに体重も2.4kg減！

	Before	After
ウエスト	99cm	-4cm 95cm
腰回り	106cm	-7cm 99cm

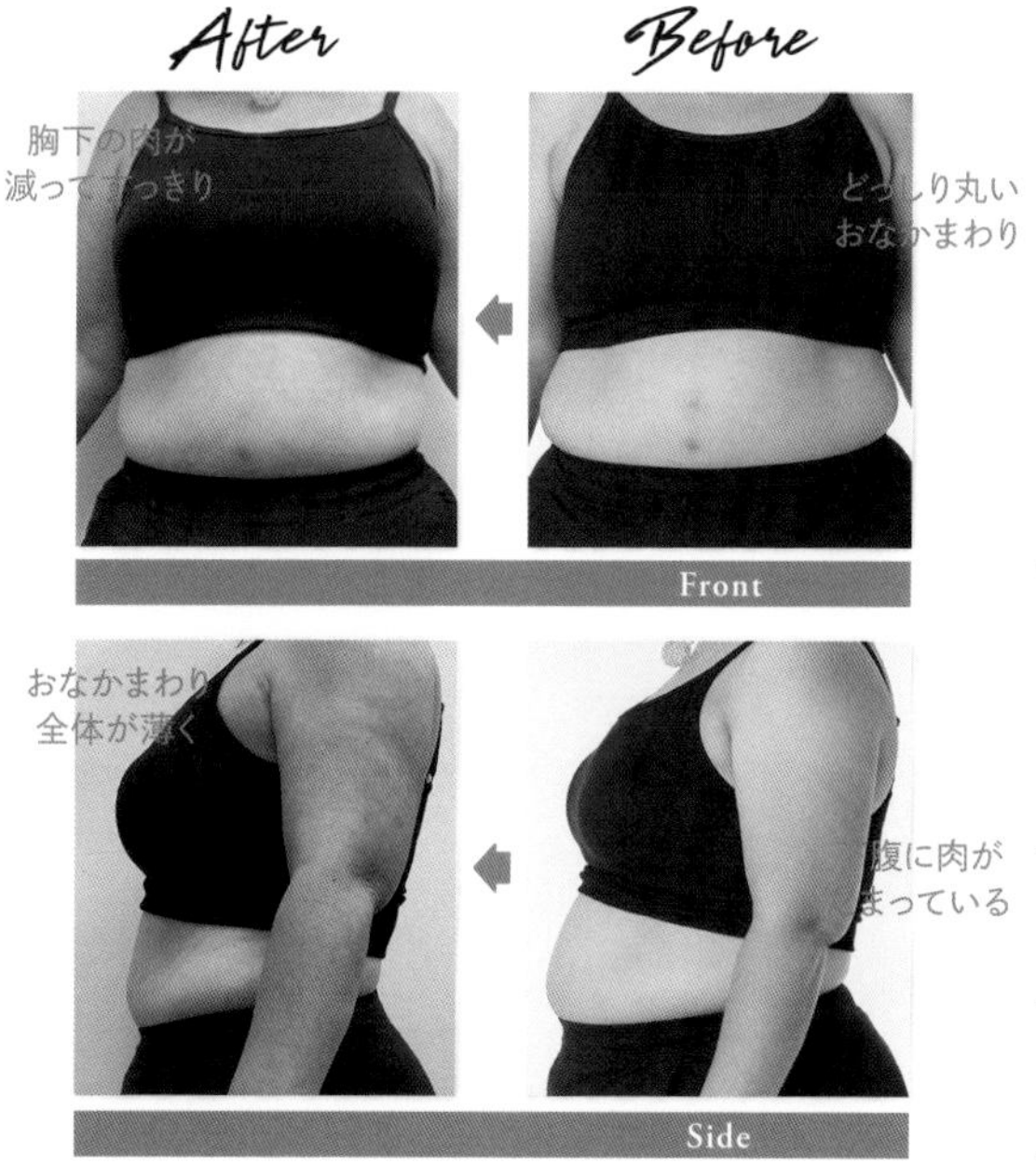
After
Before
胸下の肉が
おなかまわり
Front
おなかまわり
全体が薄く
腹に肉が
Side

50代

中だるみがあったもののウエストが薄くなった！

初めはふらついていたのが、安定してできるように。代謝が上がり、むくみにくくなったのか、靴がゆるくなったり、二重あごがすっきりしてきたりしたのもうれしい。

	Before	After
ウエスト	91cm	-7cm 84cm
腰回り	88cm	-4cm 84cm

モニターが
実感!

「くびれ覚醒メソッド」で起こったこんないいこと

柔軟性が上がって動きやすくなった!

肩や腕の可動域が広がって日常動作もラクになった、呼吸が深くなって睡眠の質が上がり自然と早起きに、すっきり起きられるようになった、という声も。

姿勢がよくなり腰痛が改善された

背骨がきちんと伸びた正しい姿勢ができるようになると骨盤も安定し、腰痛が改善。全身のめぐりがよくなって体がぽかぽかし、冷えも感じにくく。

便秘が解消!

おなかまわりの筋肉が正しく使われるようになり、代謝がアップ。内臓もきちんと機能するようになるため、毎朝すっきりするようになった、という声も。

二重あごがすっきり!

肋骨が引き上がって胸が開くようになり、滞っていたリンパの流れがスムーズに。顔まわりがすっきりして、体重は減っていないのに「やせた？」と聞かれたという人も。

おしりがきゅっと上がった!

腰上にたまっていたお肉がとれて、四角く大きく見えていたおしりもコンパクトに。姿勢がよくなって骨盤が安定したことで、ヒップアップも！ 細身のデニムも着こなせるように。

「くびれ覚醒
メソッド」で
一気に
くびれた！

「くびれ」がもたらす相乗効果で
見た目・健康・メンタルが整う

ａｙａ流メソッドで「くびれ」をつくることは、体と心にさまざまなうれしい効果をもたらします。

肋骨のポジションが正しくなると、肩甲骨の位置も正しくなり、胸が開いて深く呼吸できるように。すると血行がよくなり、肩こり、腰痛などが改善。首や顔まわりの詰まりもとれて、顔立ちもすっきり、肌も血色よくなめらかに。深い呼吸はリラクセーション効果をもたらし、睡眠の質が上がり、免疫力もアップします。

そして理想のボディラインに近づくことで、心のあり方が変わってきます。まわりから「やせた？」「きれいになったね」と言われることで自信が持てるようになります。さまざまなことにチャレンジしたくなり、いきいきと毎日を楽しめるようになって、さらに魅力的に。

くびれができることで、人生がポジティブに変わっていきます。

part 1

何歳からでもミラクルボディになれる！

「くびれ覚醒メソッド」

実は「くびれ」は誰にでもあるのです。
つぶれて開いた肋骨に埋もれているだけ。
肋骨を正しいポジションに戻してキープし、
埋もれたくびれを目覚めさせる「くびれ覚醒メソッド」で、
何歳からでもミラクルボディはつくれます！

くびれは姿勢が9割

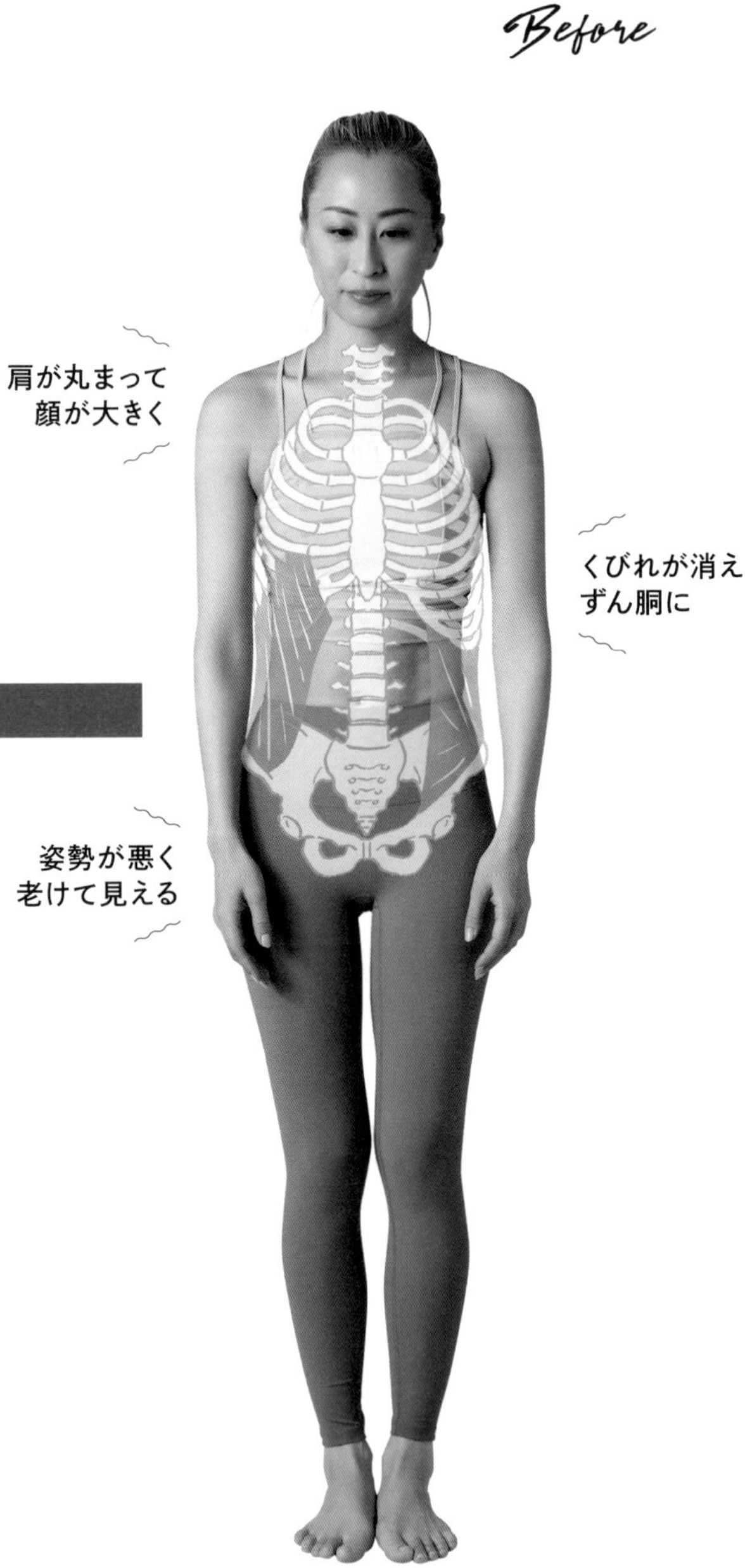
Before
肩が丸まって
顔が大きく
くびれが消え
ずん胴に
姿勢が悪く
老けて見える

正しい姿勢がくびれを最速でつくるためのベース

運動してもくびれができないのは、肋骨がつぶれて開いているから。これは骨格の問題ではなく、加齢や生活習慣で姿勢が悪くなっているため。まず体に正しい姿勢を記憶させ、次に「くびれ筋」を鍛えることがくびれへの最短ルート。

年齢とともにつぶれる肋骨の間を伸ばし、正しい姿勢に

肋骨がつぶれたままでは くびれることは不可能です

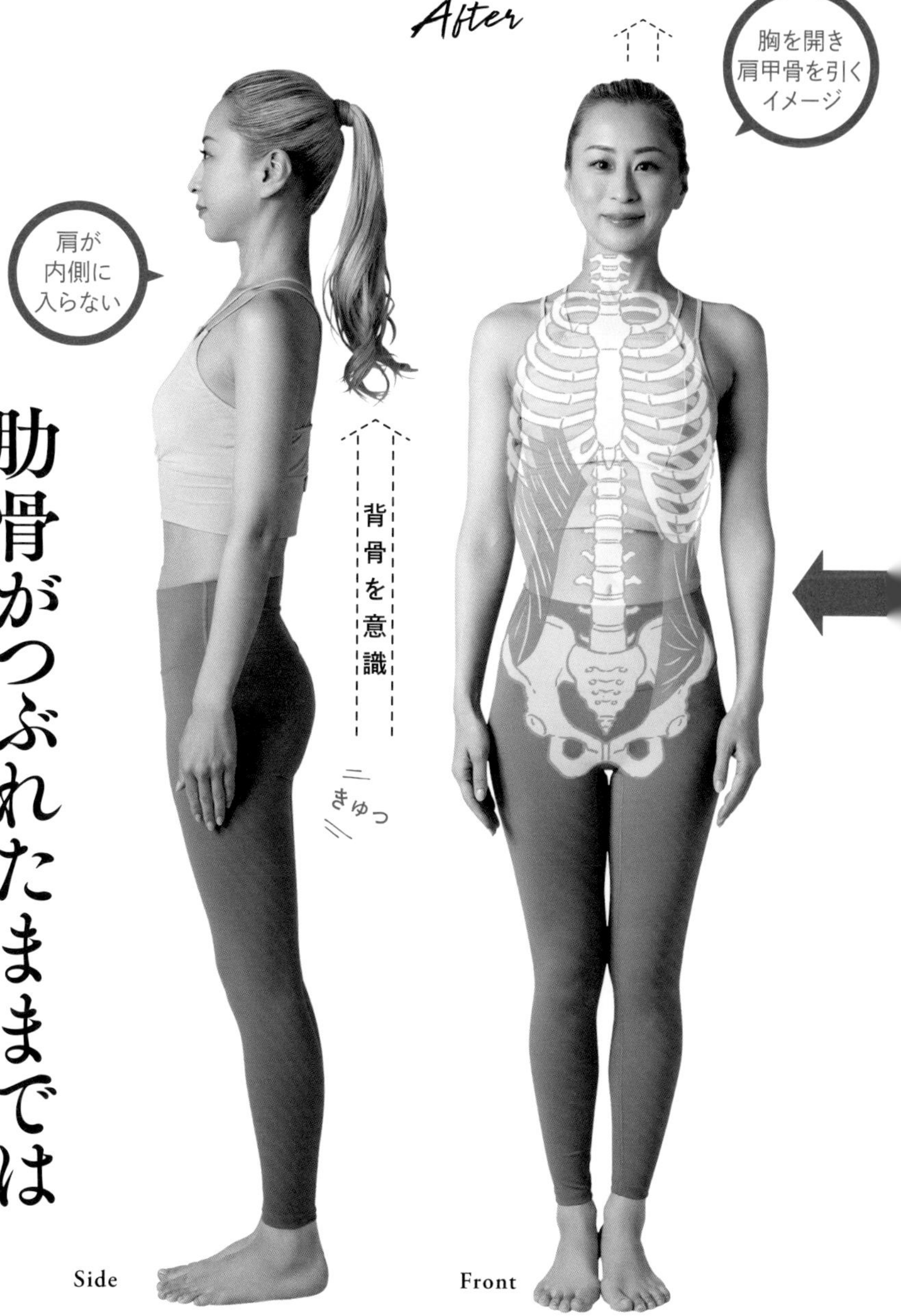
After
胸を開き
肩甲骨を引く
イメージ
肩が
内側に
入らない
背骨を意識
きゅっ
Side
Front

まず肋骨の間を伸ばし、正しく立つ

Before

肋骨に
すき間がなく
つぶれている

肋骨が開き
ずん胴体形に

肋骨がつぶれて開いていると…

人間の体の構造上、肋骨と肋骨の間、肋骨と骨盤の間に距離がないと、くびれができる余地がありません。猫背、反り腰など姿勢が悪いと、肋骨の間がつぶれて、肋骨が下から外側に開きます。さらに、そこに内臓が落ち込んで肋骨が下がり、開いた肋骨と骨盤がつながったような状態になり、くびれが消滅してしまうのです。

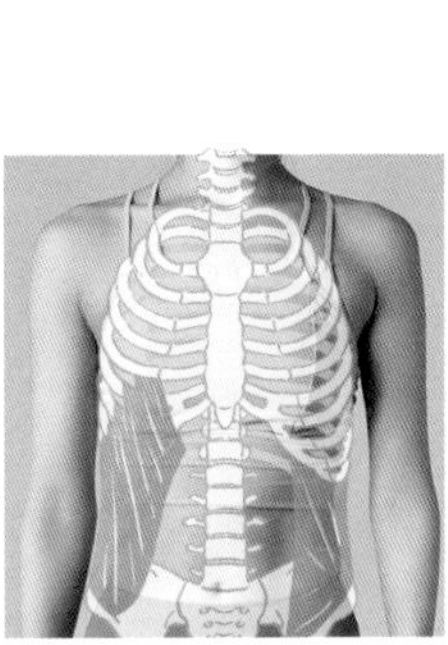

くびれのベースが出現する

After

肋骨が閉じて引き上がっていると…

ここまで伸びる!
肋骨にすき間ができる
内臓が正しい位置におさまり「くびれ」が出現!

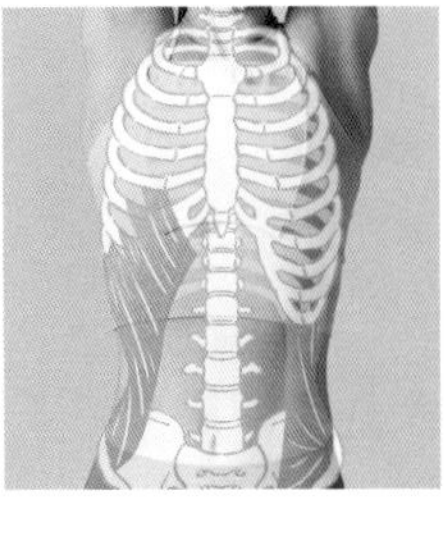

おなかを伸ばすように両手を上げてみてください。つぶれた肋骨間が伸び、肋骨が閉まって内臓が持ち上がった状態に。すると、肋骨と骨盤との間に、くびれができるだけのすき間が現れます。この状態を保てる姿勢づくりが重要です。

「くびれ覚醒メソッド」を始める前の準備体操！

呼吸がダンベル！腹圧を利用して効率よくくびれをつくる

肋骨を閉めるためには、腹圧を体の内側に向けてかけることが必要。腹圧とはおなかの中にかかる圧力。腹圧を外に向けてかけている人が多く、これが肋骨の開きやおなかまわりのたるみの原因に。腹圧をかける正しい方向を体に覚えさせるメソッドを、イスに座ったときなどに毎日続けましょう。

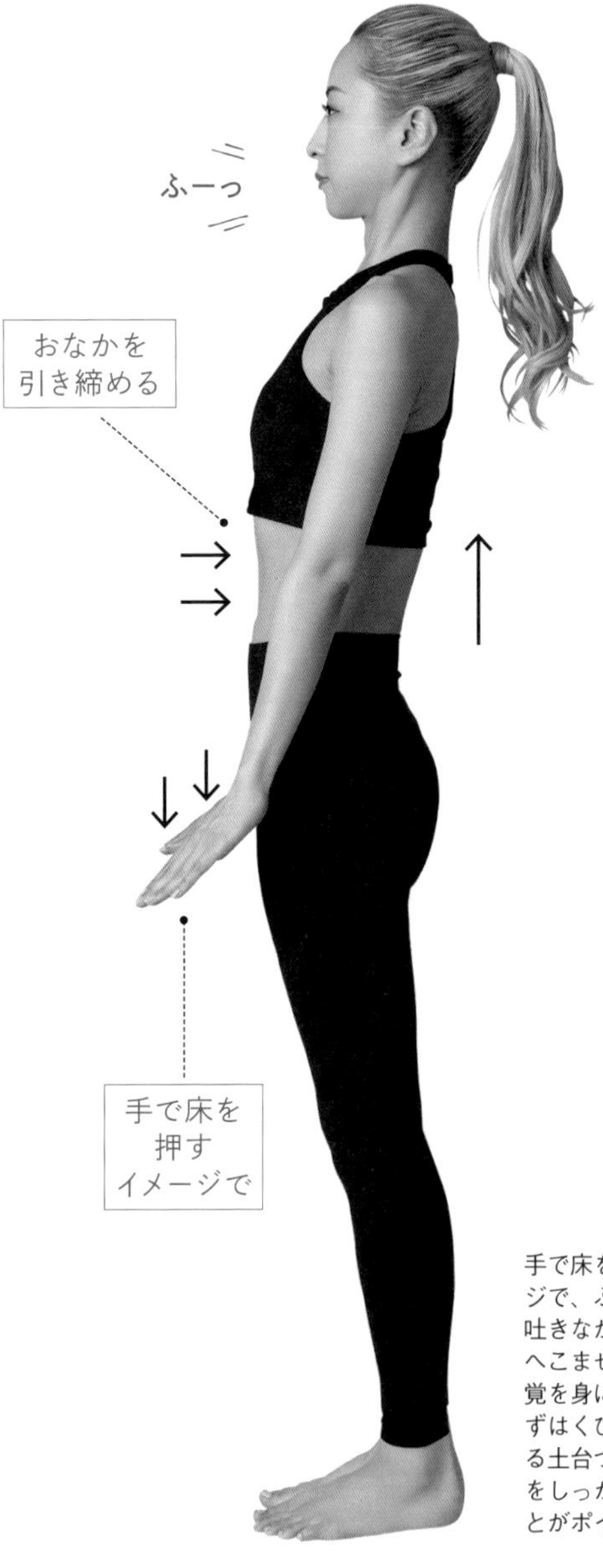

ふーっ
おなかを引き締める
手で床を押すイメージで

手で床を押すイメージで、ふーっと息を吐きながらおなかをへこませる。この感覚を身につけて、まずはくびれやすくなる土台づくり。骨盤をしっかり立てることがポイント。

腹圧コントロールメソッド

肋骨を引き締める
おへそをのぞき込む
ふーっ
手でひざを前に押す

1

イスを使うと反り腰にならず感覚をつかみやすい。反り腰にならないよう骨盤を立て、背中を伸ばして座る。両腕を伸ばし、手のひらをひざにおく。足はラクに開いてOK。

2

息を吐きながらおなかをへこませて、手でひざを前に押す。このときの腹圧のかかる方向が正解。立っていても動いていても常にキープできるよう、10回1セットを1日3セット以上。

くびれ覚醒メソッド 1

肋骨にすき間をつくって引き上げる くびれ掘り起こし体操

縮んだ肋骨間をぐーっと伸ばしてすき間をつくり、肋骨を引き上げて、埋もれたくびれを掘り起こします。加齢や日々のクセで積み重なった体のゆがみを修正し、正しい姿勢をキープできるベースをつくりましょう。

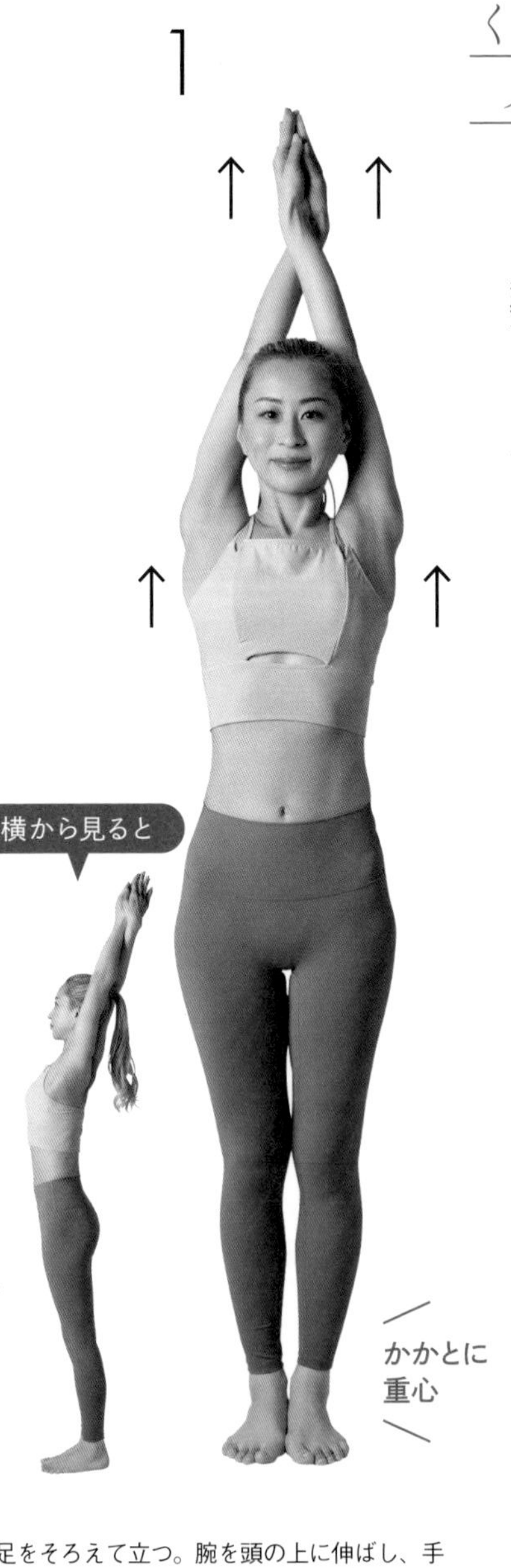

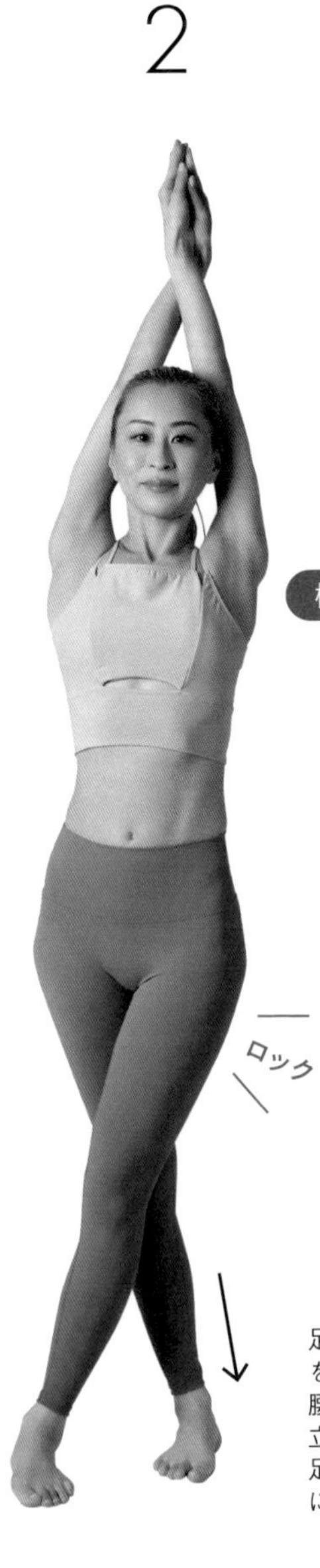

足をそろえて立つ。腕を頭の上に伸ばし、手をクロスして合掌、肋骨を高く上げる。反り腰にならないようおなかを引き締め、骨盤を立てて。右足を左後ろに引き、つけ根から左足とクロス。つけ根にすき間ができないように注意して。

4
3
肋骨にすき間をつくる
イメージで伸ばす
伸ばす
伸ばす
横から見ると

肋骨を引き上げたまま、息を吐きながら上半身を後ろに引いた足の方向にゆっくり倒す。このとき、右足をぐっとふんばって左手で右手を押すイメージで、目線は斜め上に。1の姿勢に戻り、今度は左足を右後ろに引いてクロスし、上半身を右に倒す。1〜4を10回繰り返す。1日10セット。

「くびれ掘り起こし体操」で意識すべきポイント

Point 1

手をしっかり組んで腕・肩を開く

ひじが曲がると背中が丸くなり、反り腰になりがち。手をクロスして合掌すると、ひじが伸びた状態でロックでき、肩甲骨が寄って胸が開くため、肋骨が引き上がった正しい姿勢に。クロスできない場合は合掌だけでもOKですが、ひじはできるだけ曲げずに。

Point 2

重心はかかと！前のめりにならない

前のめりになると肋骨が開いて下がり、呼吸も浅くなって効果半減。床をぐっと押すイメージでかかとに重心をかけると、肋骨がしっかり閉じて引き上がり、おなかに刺激も入れられます。ひじやひざ、指の関節までしっかり伸ばすことで、全身のめぐりもアップ。

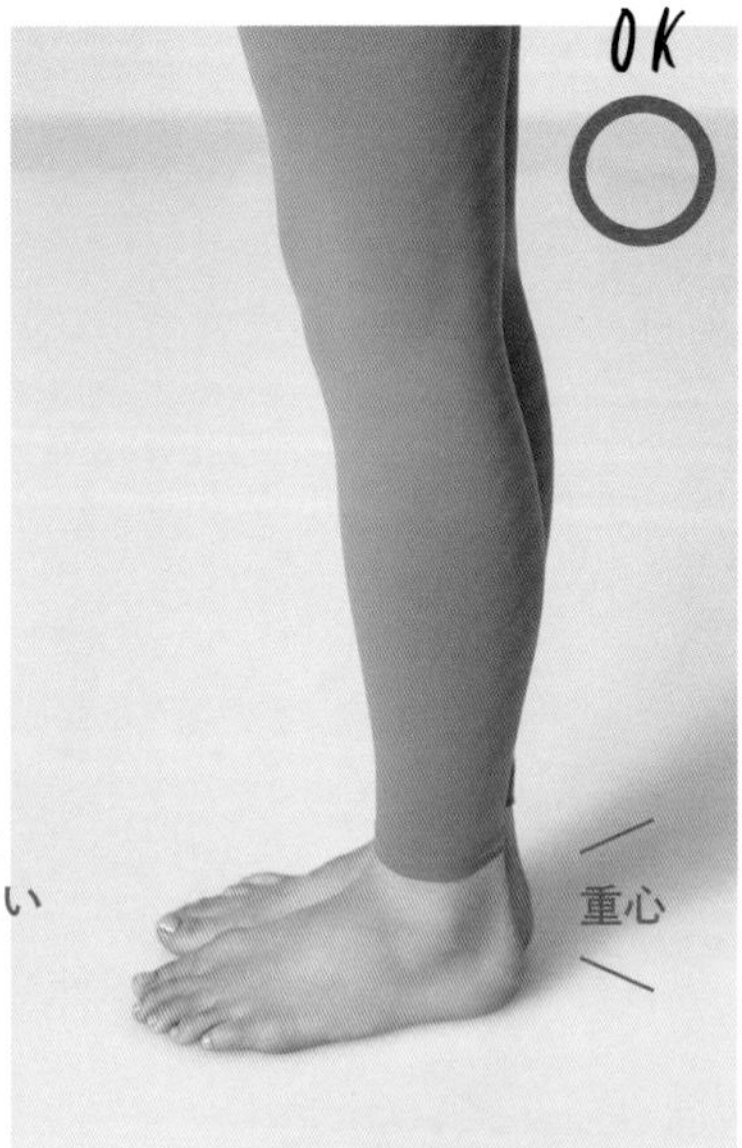

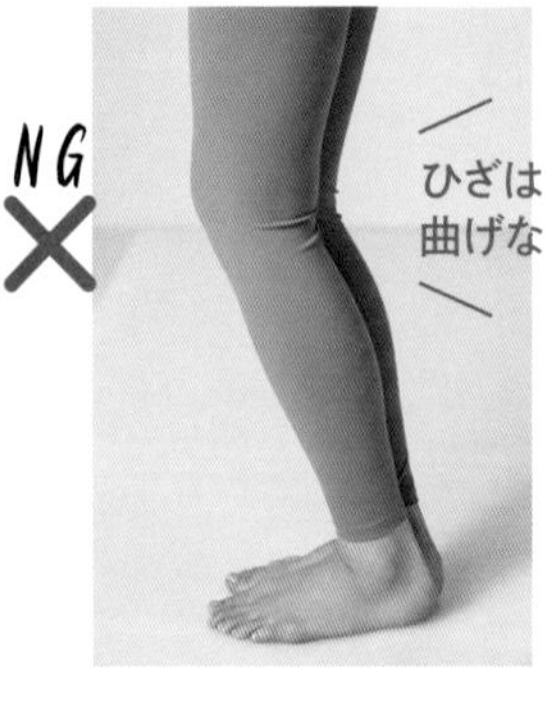

効果UP!

「くびれ掘り起こし体操」の姿勢で歩いてみる

慣れてきたら体操の姿勢で歩いてみましょう。姿勢が悪いと、足をつくたびにどちらかに重心がかかり、ゆがみの原因に。肋骨を引き上げたまま＝正しい姿勢で歩けば、肋骨が閉まります。

目線キープ
閉じて引き上がった肋骨をキープしたまま歩く

「くびれ掘り起こし体操」の1の姿勢のまま歩く。正しい姿勢をキープしながら歩くポイントは、背骨を意識すること。骨盤を安定させると、おなかの筋肉がしっかり刺激されるので、歩くたびにくびれに近づけます。

くびれ覚醒メソッド 2

「くびれ筋」を伸ばす・鍛えるが同時にできる
くびれ製造ツイスト

美しいくびれづくりに必要なのは、肋骨と骨盤を結ぶ腹斜筋の強化。ここが引き締まれば自動的にくびれができます。腹斜筋は脊柱（背骨）を回旋する（ねじる）動作で効率的に鍛えることが可能。つらい筋トレは不要！

1

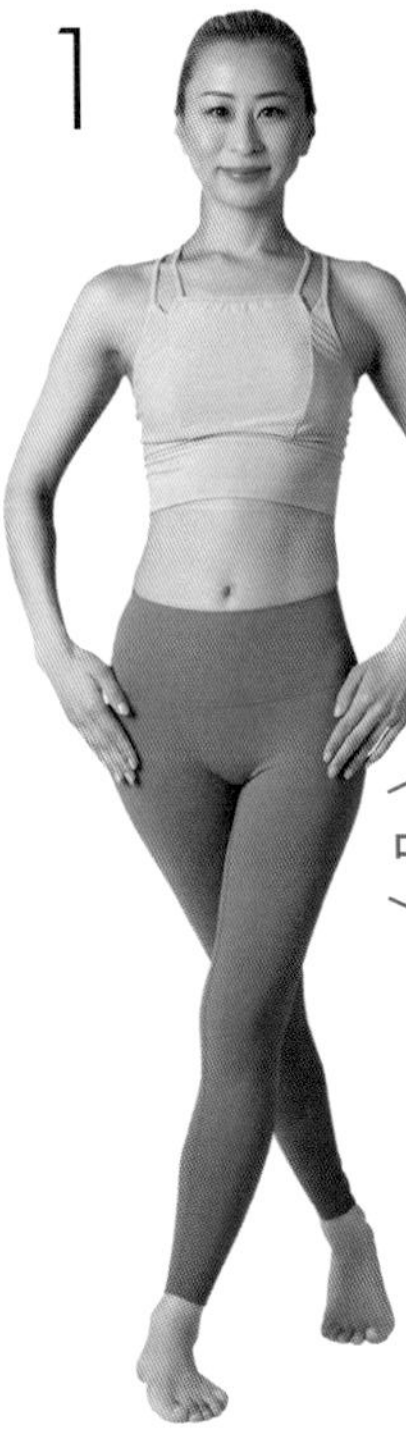

後ろから見ると

まっすぐ立ち、右足を左後ろに引いて、左足とつけ根からクロス。右足に体重をかけて、骨盤を正面に向ける。足のスタンスが狭いとグラグラして安定しないので、右足は深く引いて。

2

後ろから見ると

右手をまっすぐ上げ、左手を斜め後ろに引く。ひじが曲がらないように注意。左手は指先がおしりの高さになるくらいが◎。高く上げすぎると肩や腕の筋肉を使ってしまいます。低めのほうが「くびれ筋」への負荷がアップ。

3

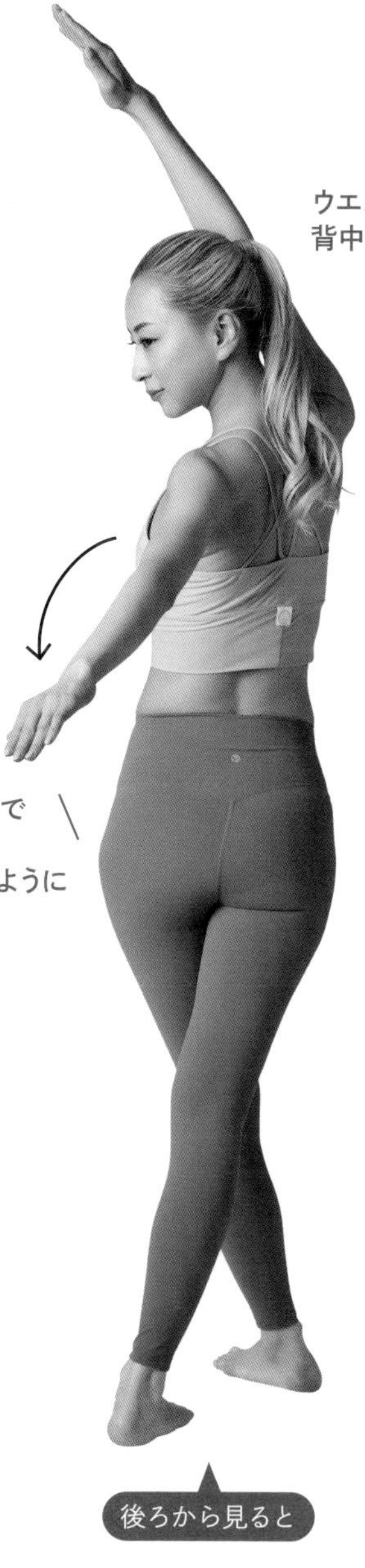
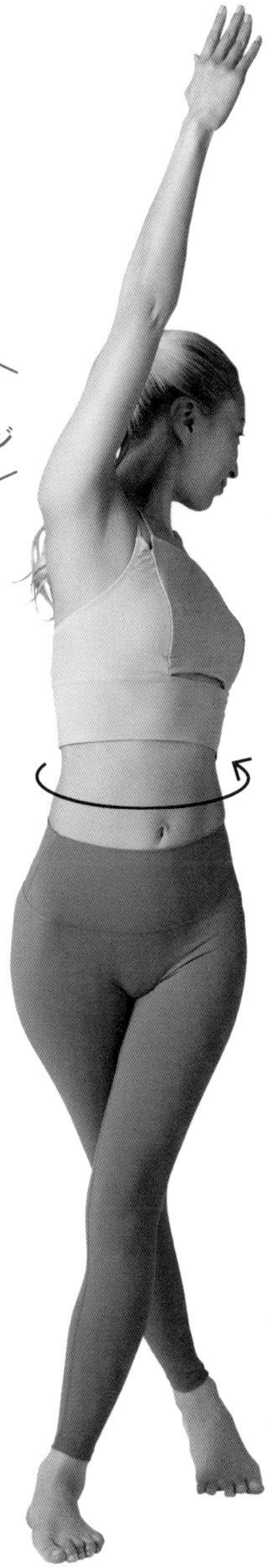
ウエストではなく
背中を動かすイメージ
吐く
背骨を意識
後ろの手で
ロープを
引っぱるように
骨盤は
正面
かかとを上げると
効果がUP
後ろから見ると

骨盤を正面に向けたまま、息を吐きながら上半身をねじる。両手にロープを持ち、下の手で上の手を後ろに引っぱるイメージで。左右各10回を1日10セット。

「くびれ製造ツイスト」で意識すべきポイント

Point 1

後ろの手でロープを引っぱるようにねじる

ひじを曲げて胸だけで体をねじると、腹斜筋がきちんと使われないので注意。両手にロープを持ち、下の手で上の手を引っぱるイメージで行うと、背中の筋肉から腹斜筋がしっかり刺激されるので、効果的にくびれをメイク。

OK
ロープを
引っぱる
イメージで

NG
ひじを
曲げない

Point 2

足のつけ根からクロスする

足先だけでクロスすると、骨盤が安定せずぐらついてしまいます。足のつけ根から、できるだけ深く足を斜め後ろに引いてクロス。また、骨盤が引いた足のほうに引っぱられないよう、おへそは常に正面に向けましょう。

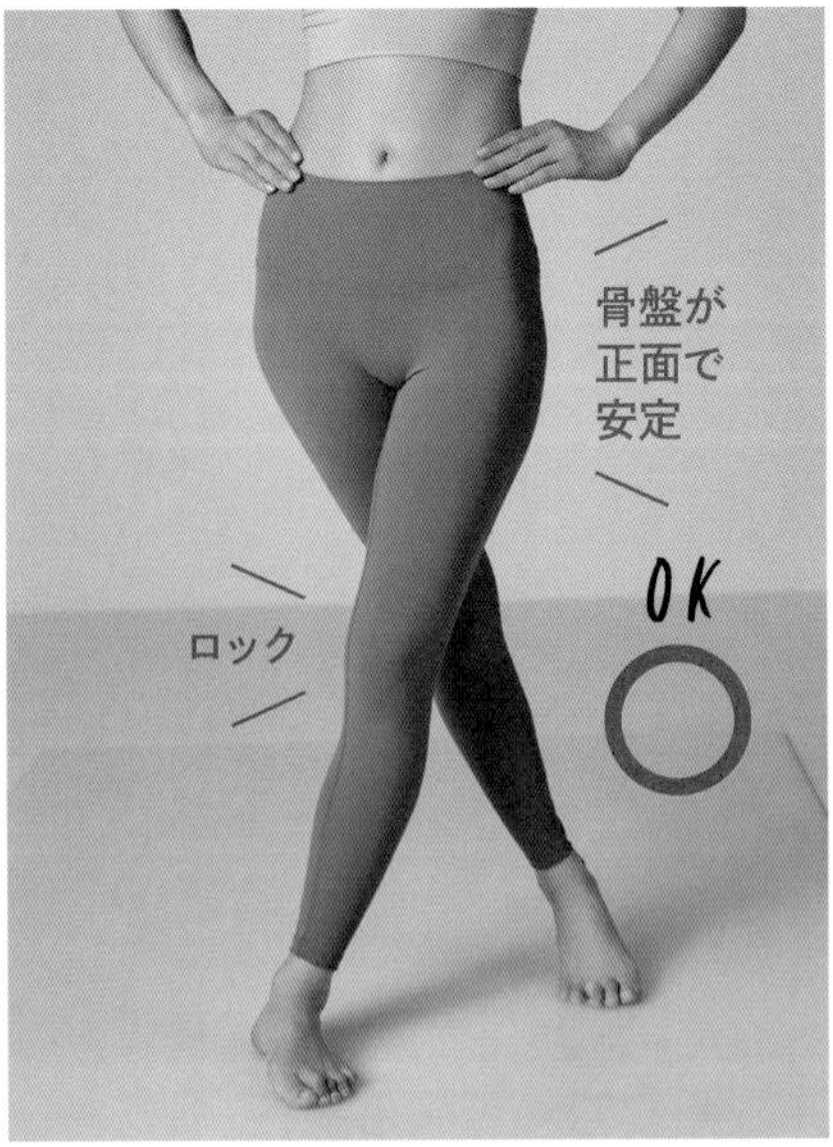
骨盤が
正面で
安定
ロック
OK

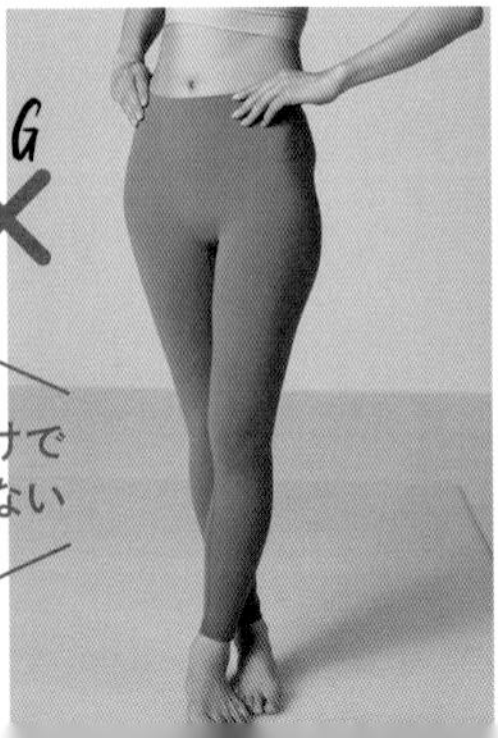
NG
足先だけで
クロスしない

効果UP!

ひざを曲げて深くねじる

もっとくびれたい人は、ひざを曲げて深くねじってみましょう。腹斜筋にさらに負荷をかけてくびれを促進！ 後ろ姿をおばさん化させる、腰上肉の引き締めにも効果的です。

下になったほうの手の先が肛門の後ろまでくるように、息を吐きながら前の足のひざを曲げて深くねじります。鼻から息を吸い、口からゆっくり息を吐く「胸腹式呼吸」で、さらに肋骨を引き上げ、くびれをサポート。

まずは三日坊主を目指す！
三日続けばずっと続く！

1
くびれ掘り起こし体操

2
くびれ製造ツイスト

⇩

「体操」と「ツイスト」を

まずは **1日各1セット**（10回）

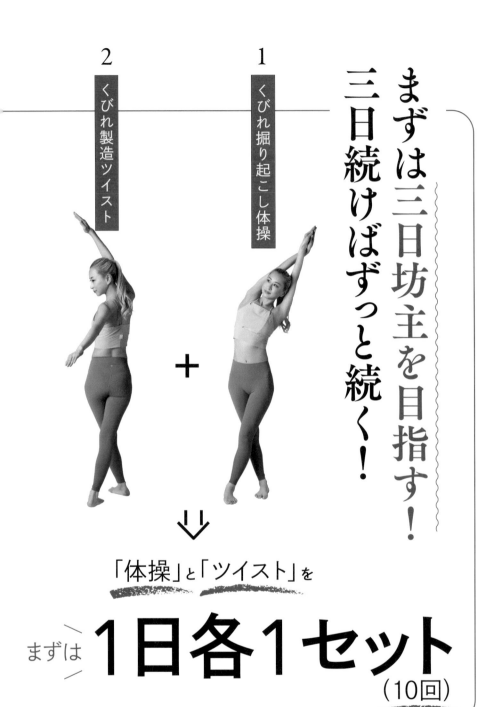

Advice 1

とりあえず三日！目指すのは三日坊主

まずは「三日坊主」を目指しましょう！　最初からずっと続けようと意気込みすぎず、三日続いたらまた三日と、「三日坊主」を繰り返していけば案外ラクに続きます。毎日1と2を各10セット行うのが理想ですが、まずは1セットからスタート。最初のハードルは低く。

Advice 2

何かをやるついでに「ながら」で始めてみる

運動習慣のない人は、「トイレに行くついで」「歯を磨くついで」など「ながら」で始めてみましょう。ほかの習慣とセットにすれば、やり忘れを防げます。「ながら」が習慣になれば、効果も現れやすく、時間をつくってもっとがんばってみようと思うはず。

Advice 3

肌のケアができる人は体のケアもできます！

運動が苦手ですぐやめてしまう、という人は、自分を信じてあげてください。顔を洗う、化粧水をつける、という肌のお手入れが毎日できているのなら、体のケアも必ずルーティンにできます。体を伸ばす気持ちよさを味わいながらまず1回。きっと続けたくなるはずです。

part 2

おなかまわりを全方位引き締める

くびれをデザインする

「くびれ覚醒メソッド」でくびれを目覚めさせたら、
次はさらにおなかまわりを引き締めていきましょう。
「下腹がぽっこり」「腰上のお肉がなくならない」
といった大人の女性が気になる部位別エクササイズを
1日2〜3ポーズ取り入れ、理想のくびれを手に入れて。

くびれデザイン 1

腹斜筋を伸ばして、脇腹すっきり
くびれ筋ストレッチ

「くびれ筋」こと腹斜筋をさらに伸びやすくするには、肩甲骨がキーに。凝り固まりがちな肩甲骨の可動域を広げることで、腹斜筋がさらに伸びやすくなって落ち込んでいた内臓が引き上がり、もたつく下腹がすっきり。

ここに効く

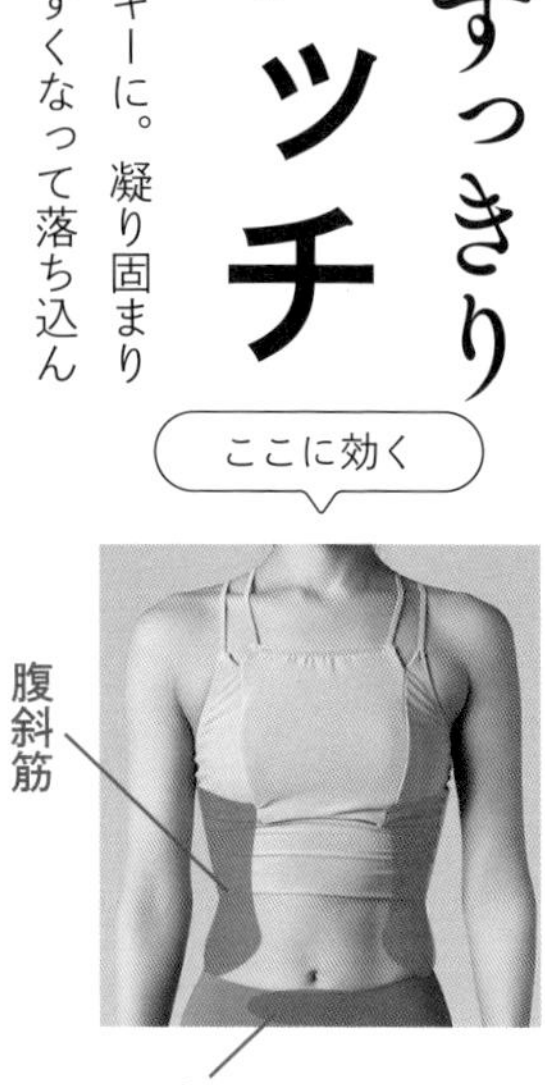

1

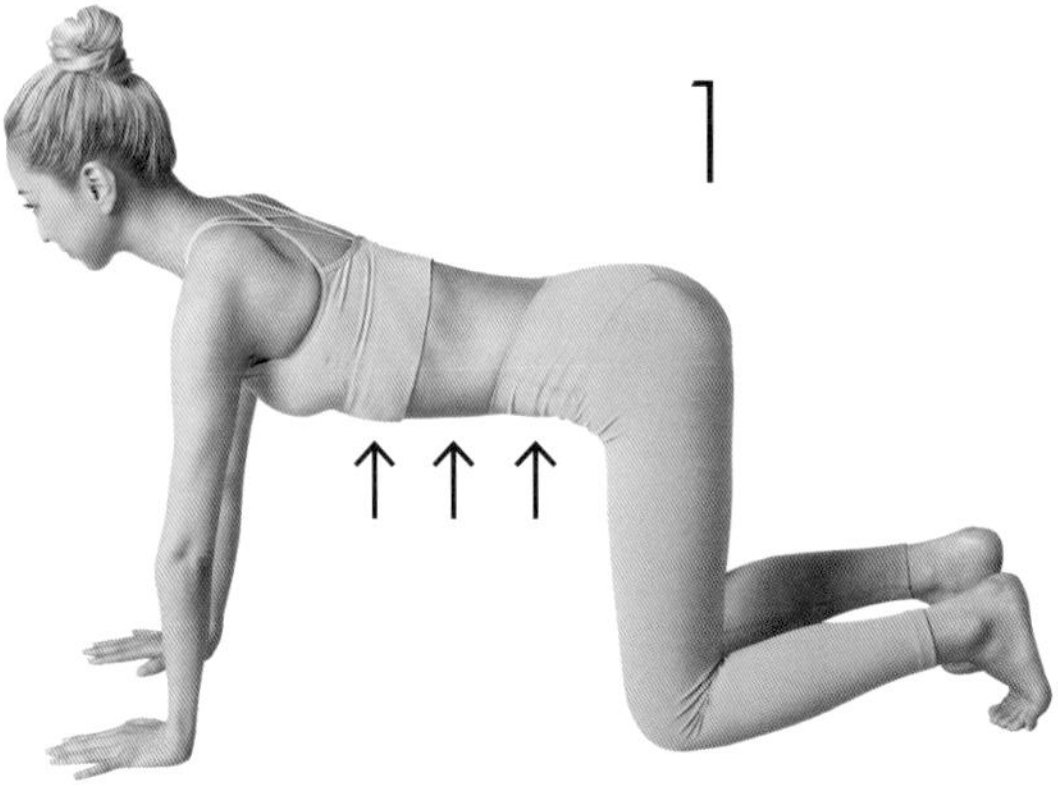

よつんばいになる。手は肩の真下に。ひざは腰幅に開き、股関節の真下にひざがくるようにして。肋骨とおなかは引き上げて。

2

左足を真横にまっすぐ伸ばし、足のうらを床につける。ひざが曲がらないように注意して。

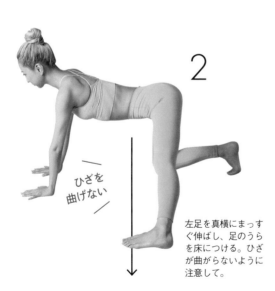

3

上体をひねり、右腕を左脇の下をくぐらせて伸ばす。右ひじが曲がらないよう指先までまっすぐ伸ばして。

4

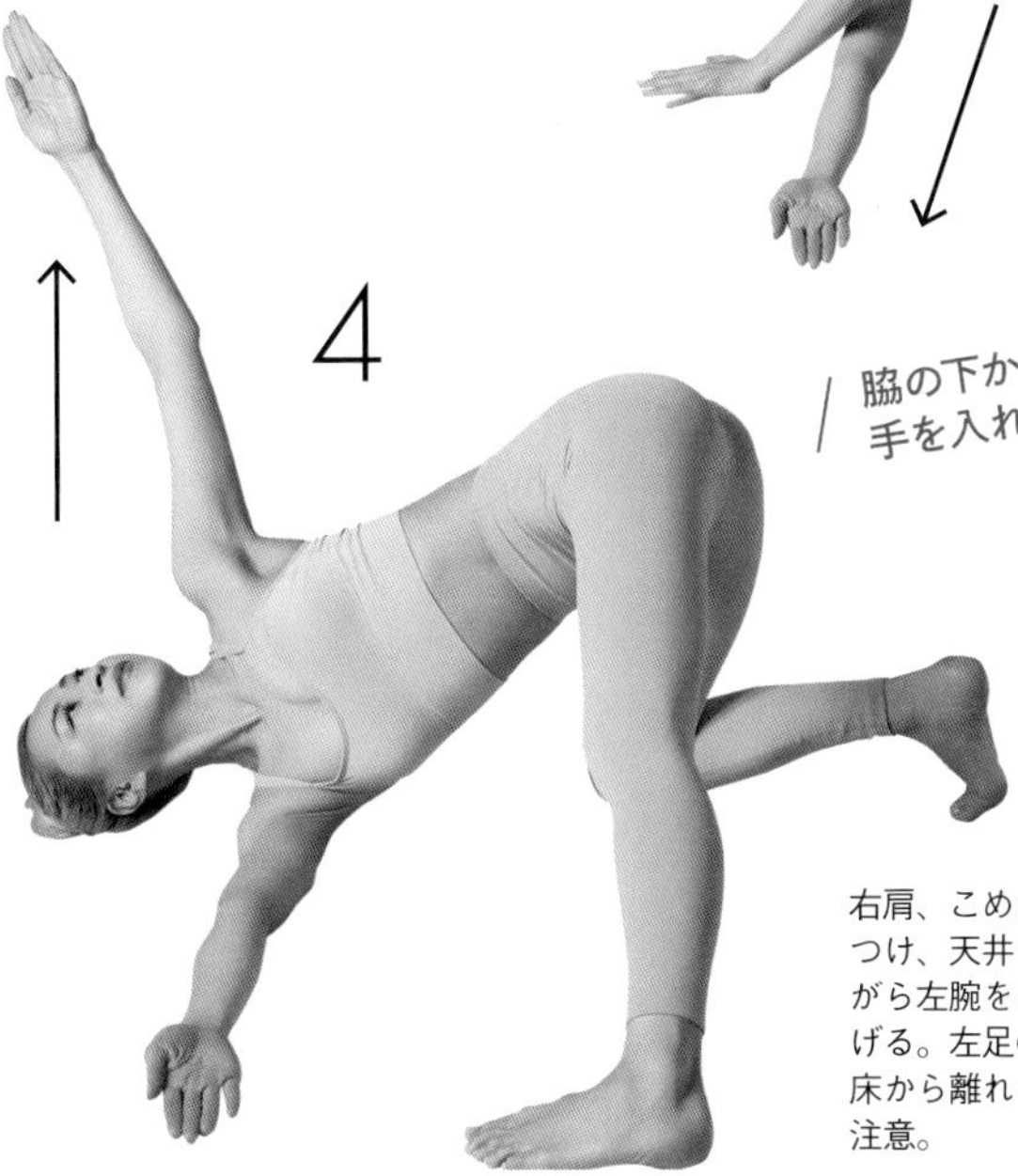
脇の下から
手を入れる

右肩、こめかみを床につけ、天井を見上げながら左腕をまっすぐ上げる。左足のうらが、床から離れないように注意。

5

大きく腕を回す
ひじは伸ばす

そのまま大きく腕を回す。肩甲骨から動かすイメージで10回、逆回しに10回。反対側も同様に。1日10セット。

くびれデザイン 2

腰上の浮き輪肉を引き締める
くびれ筋ツイスト

腹斜筋を鍛えるにはねじりを加えることが効果的。このとき骨盤を立てることが重要。イスに座ることで骨盤が立ちやすくなり、効率的に内腹斜筋・外腹斜筋を強化、ゆるんだ脇腹のラインや腰上にのったお肉をシェイプします。

1

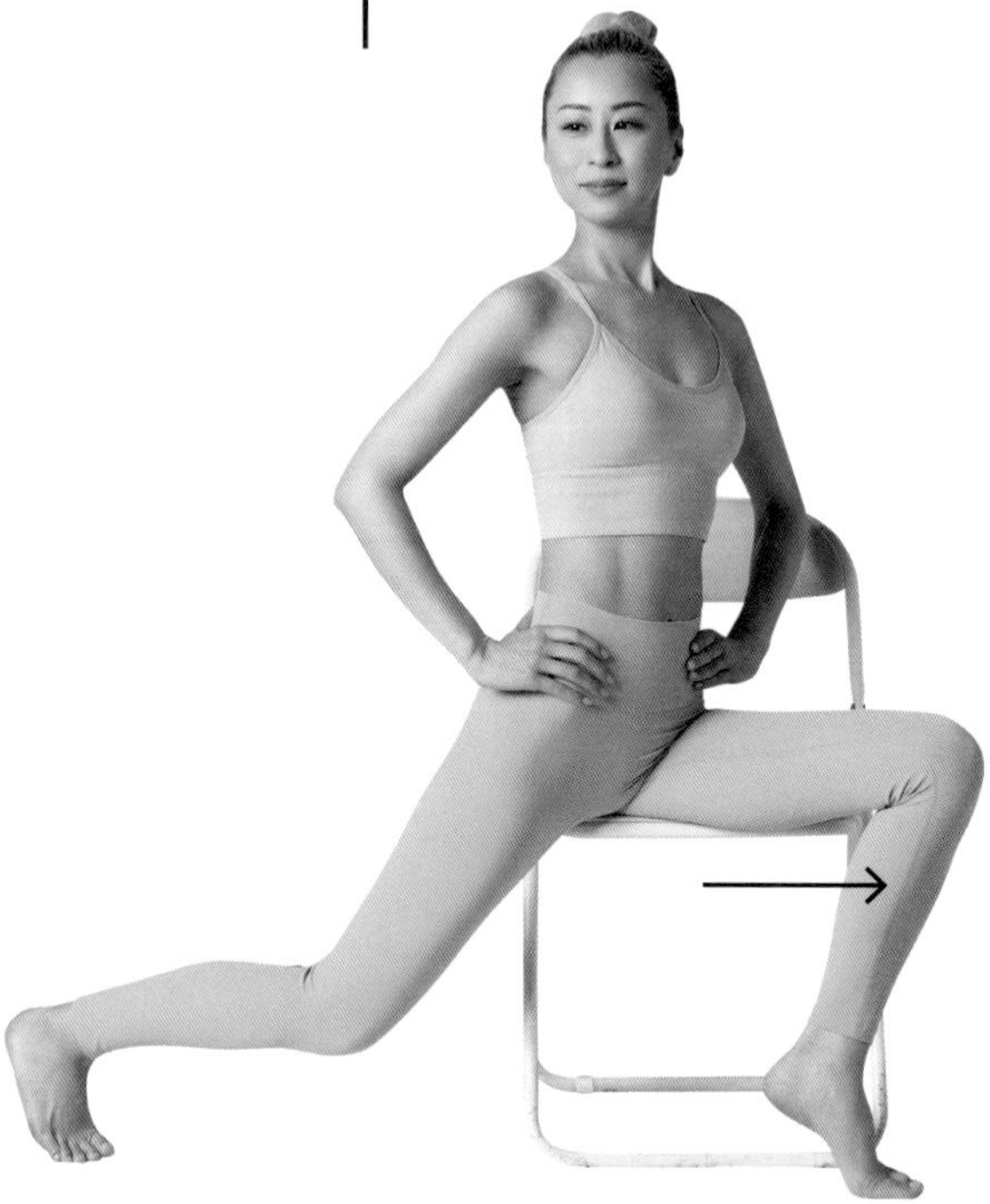

イスに左のおしりをのせて座る。左の股関節を開いて骨盤を立て、右の足は自然に伸ばす。イスはつま先がつく高さならOK。

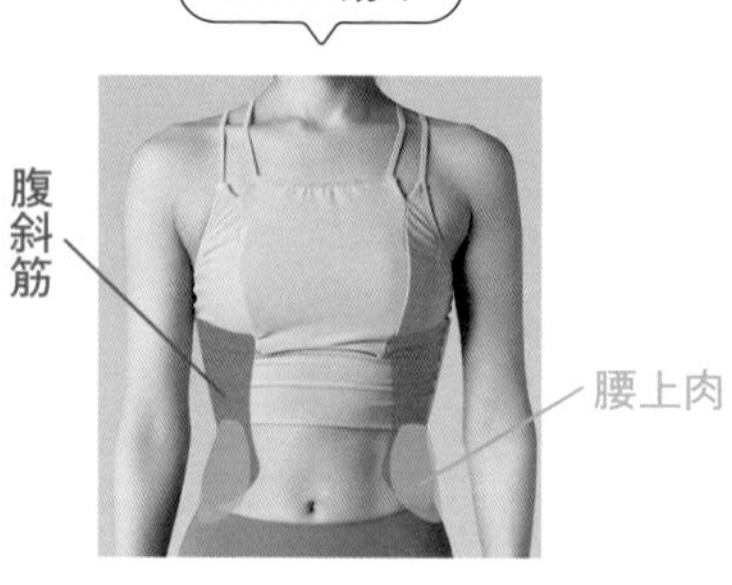

2

胸の前で手のひらを合わせ、息を吐きながら上半身を左へねじる。骨盤が傾かないよう、上半身はまっすぐをキープ。

3

腰や首からねじらずに、右手で左手を押すイメージで背骨の周囲から動かすのがコツ。10秒キープ。息を吸うときに背筋を伸ばし、吐くたびにねじりを深め、左右各10回。1日10セット。

くびれデザイン 3

腹斜筋を強化し、横幅を縮小
くびれ筋養成ヨガ

ヨガの「ねじった三角のポーズ」で腹斜筋をねじって伸ばし、おなかまわりを引き締めます。背中を伸ばした状態でゆっくり倒すことが、最大限に効かせるポイントです。デトックス効果もあるのでおなかがすっきり。

ここに効く

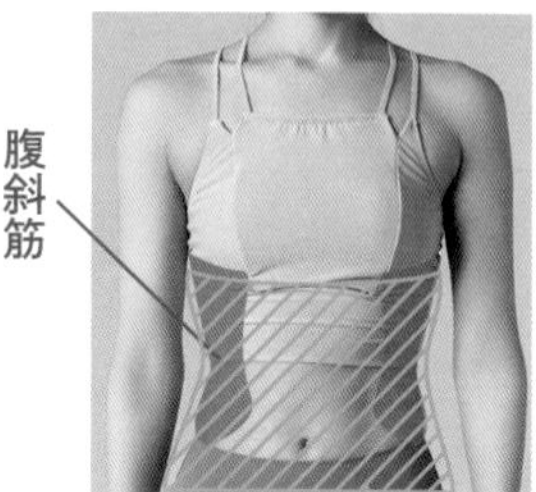

ウエストまわり
（ウエスト全体）

1

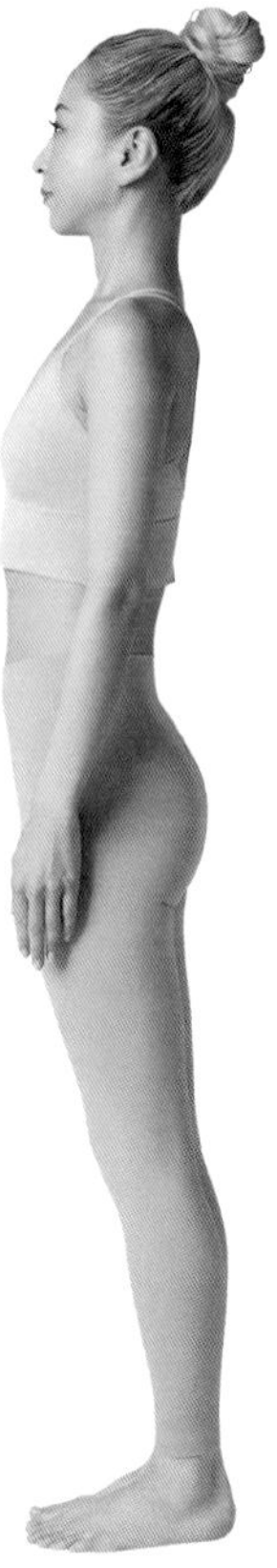

まっすぐ立つ。かかとに重心をかけ、反り腰にならないように。

2

左足を一歩前に出す。手は腰に当てて、骨盤がしっかり立っていることを意識。

3

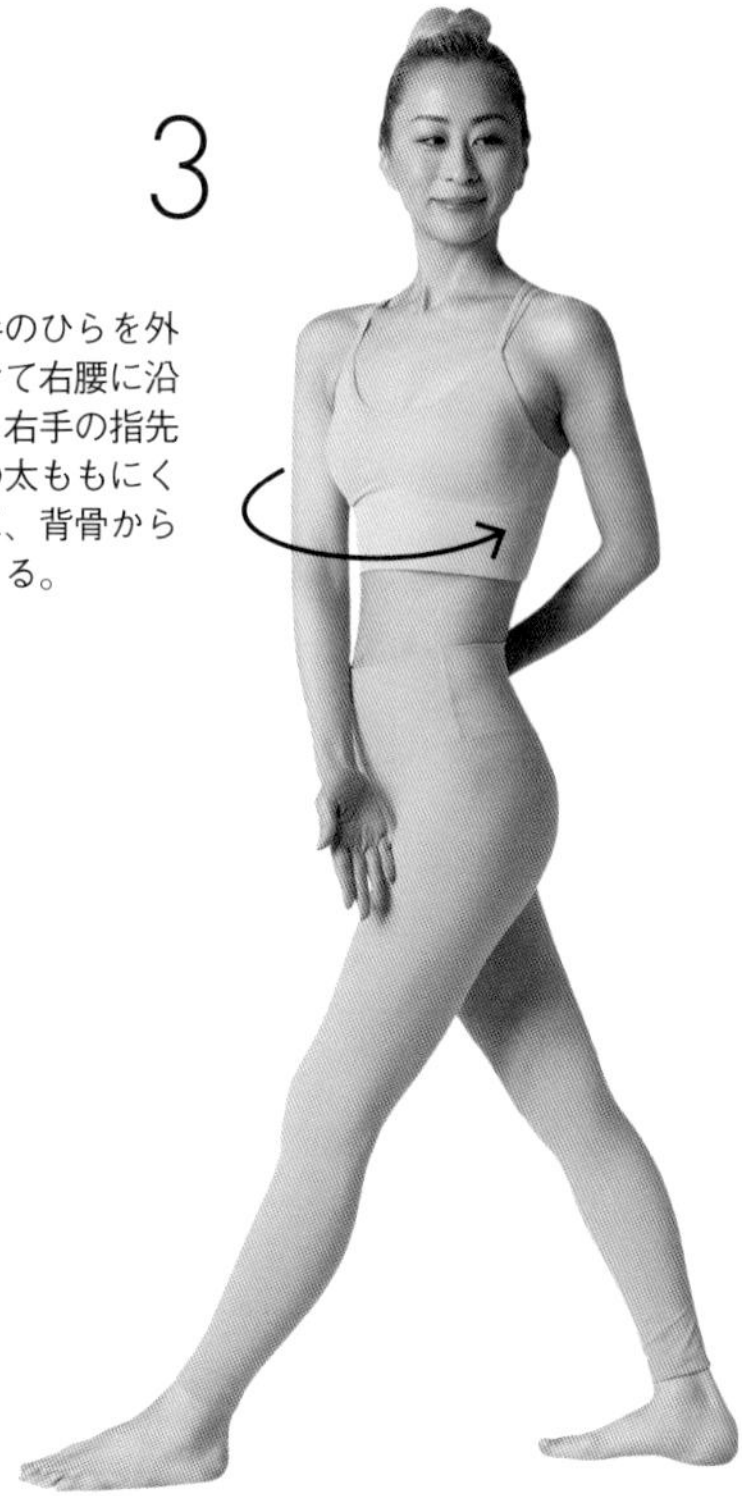

左手を手のひらを外側に向けて右腰に沿わせる。右手の指先が左足の太ももにくるように、背骨から体をねじる。

4

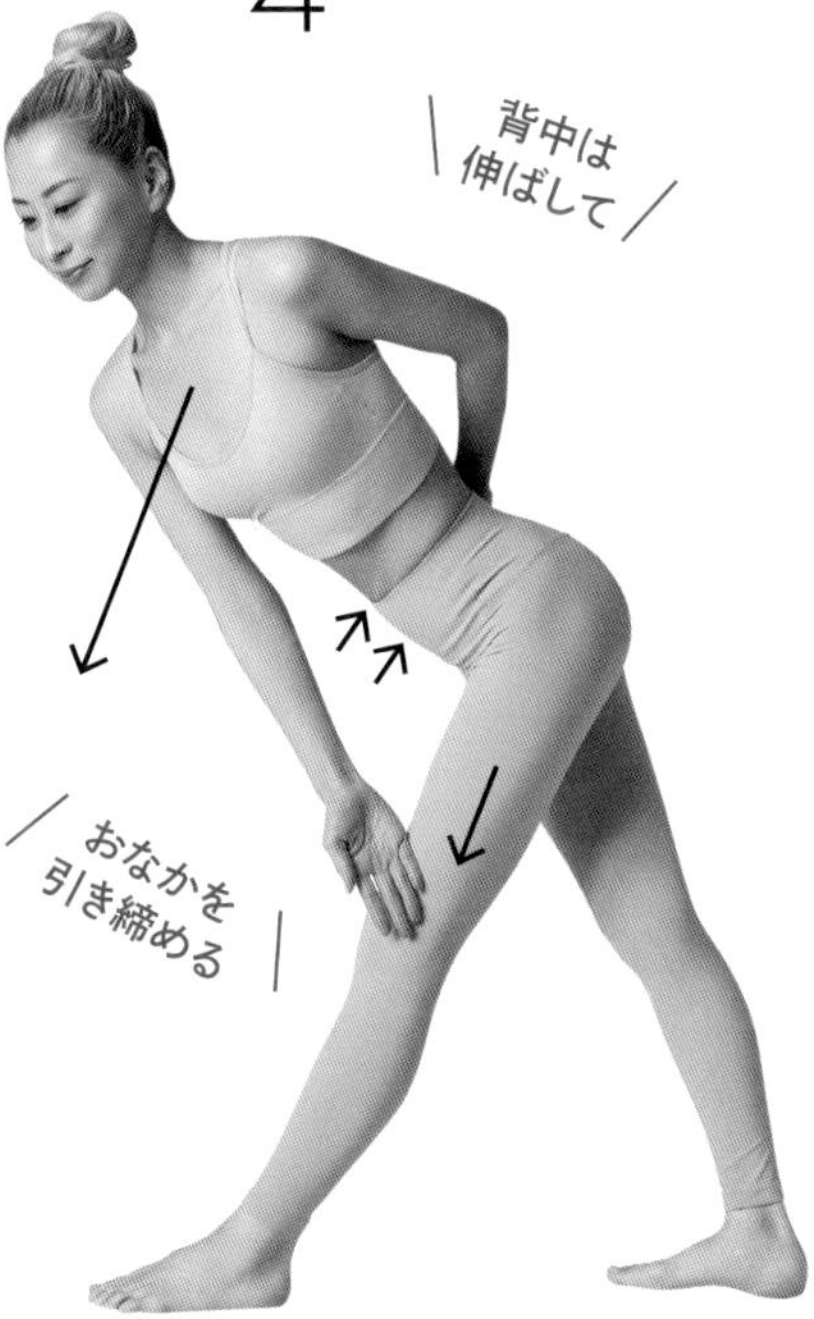
背中は伸ばして
おなかを引き締める

指先で左足の外側をなぞるように、ゆっくりと息を吐きながら上半身を倒していく。

5

ゆっくり下げる
吐く

つらくないところまで股関節から体を倒し10秒キープ。徐々に体を下げていくことで、腹斜筋を引っぱる背中の筋肉からしっかり伸ばすことができて効果的。反対側も同様に。左右各10回。1日10セット。

くびれデザイン 4

胃のぽっこりを撃退！
腕ワイパー

肩甲骨の柔軟性を高め、肋骨を引き上げるストレッチ。胃のまわりに肉がつきやすい人に◎。リンパが集まる脇の下がほぐれて血流アップ、メリハリのあるくびれに。慣れたら頭を上げ、下腹にもアプローチして。

1

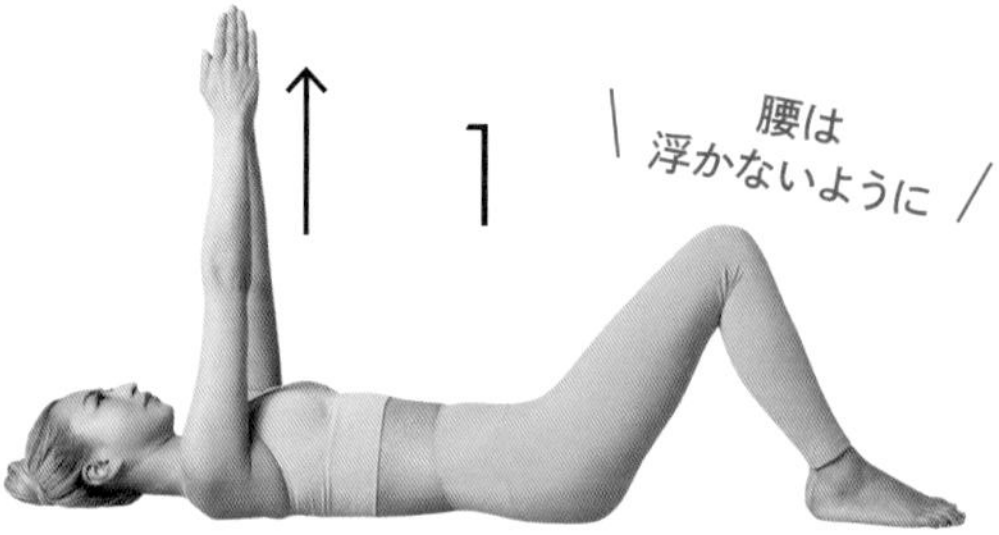

腰は浮かないように

あおむけになってひざを立てる。両腕をまっすぐ上に伸ばし、手のひらを合わせる。腰が浮かないように注意。

2

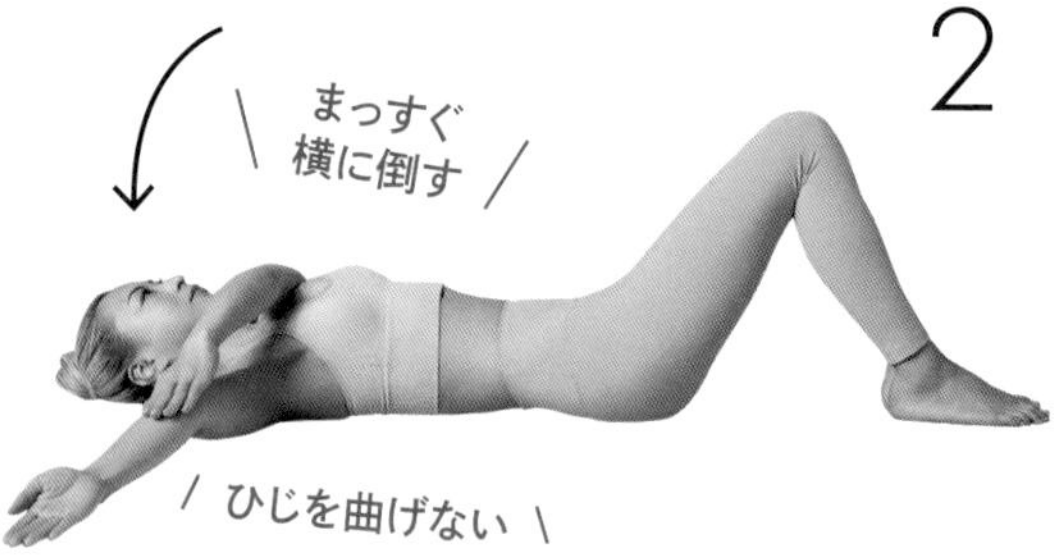

まっすぐ横に倒す
ひじを曲げない

胃の周辺を引き締めることを意識しながら、息を吐いてゆっくり両腕を右側に倒す。ひじが曲がらないように、まっすぐ真横に倒すのがポイント。

3

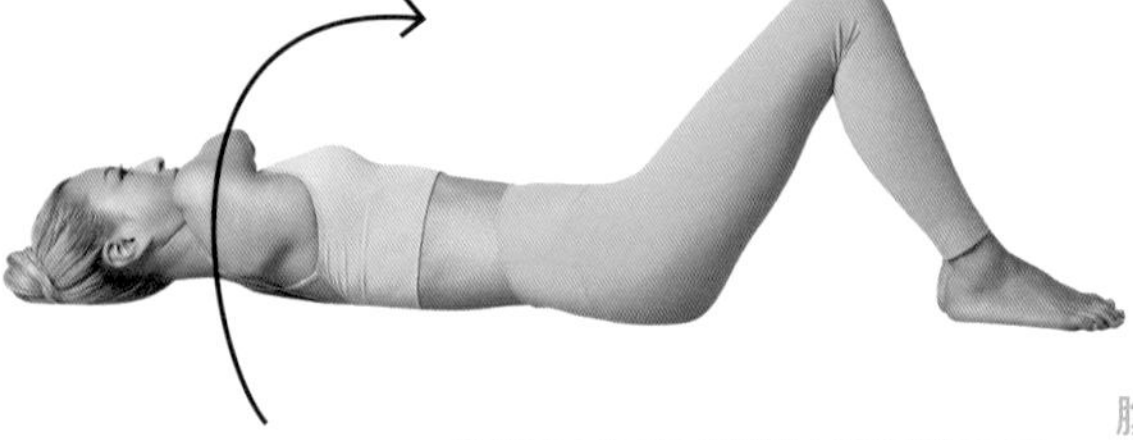

息を吸いながら両腕を1の位置に戻す。同様に息を吐きながら左側に倒す。左右各5回を1日10セット。

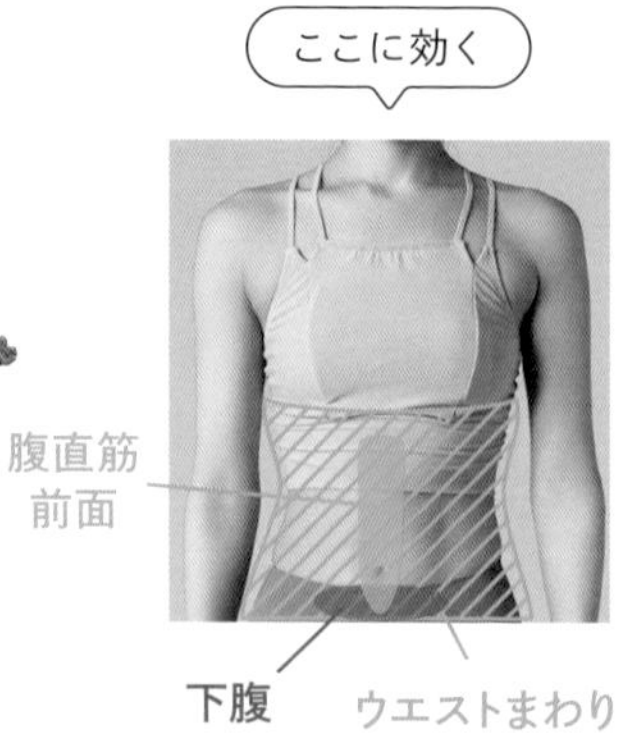

ここに効く
腹直筋前面
下腹
ウエストまわり（ウエスト全体）

4

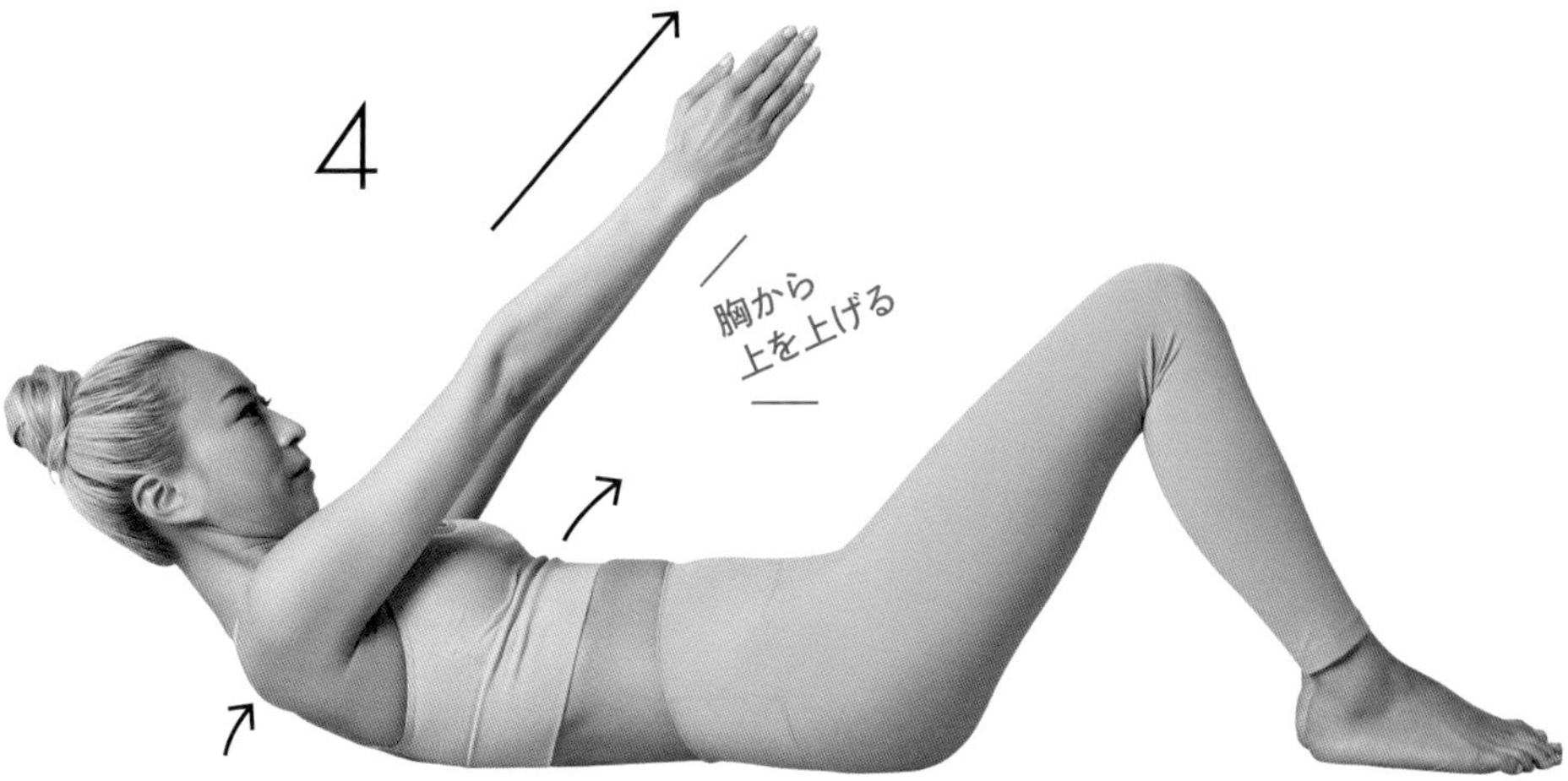

さらに効果を上げたい人は、胸から体を起こしてみましょう。下腹にもアプローチしてぽっこりを解消。

5

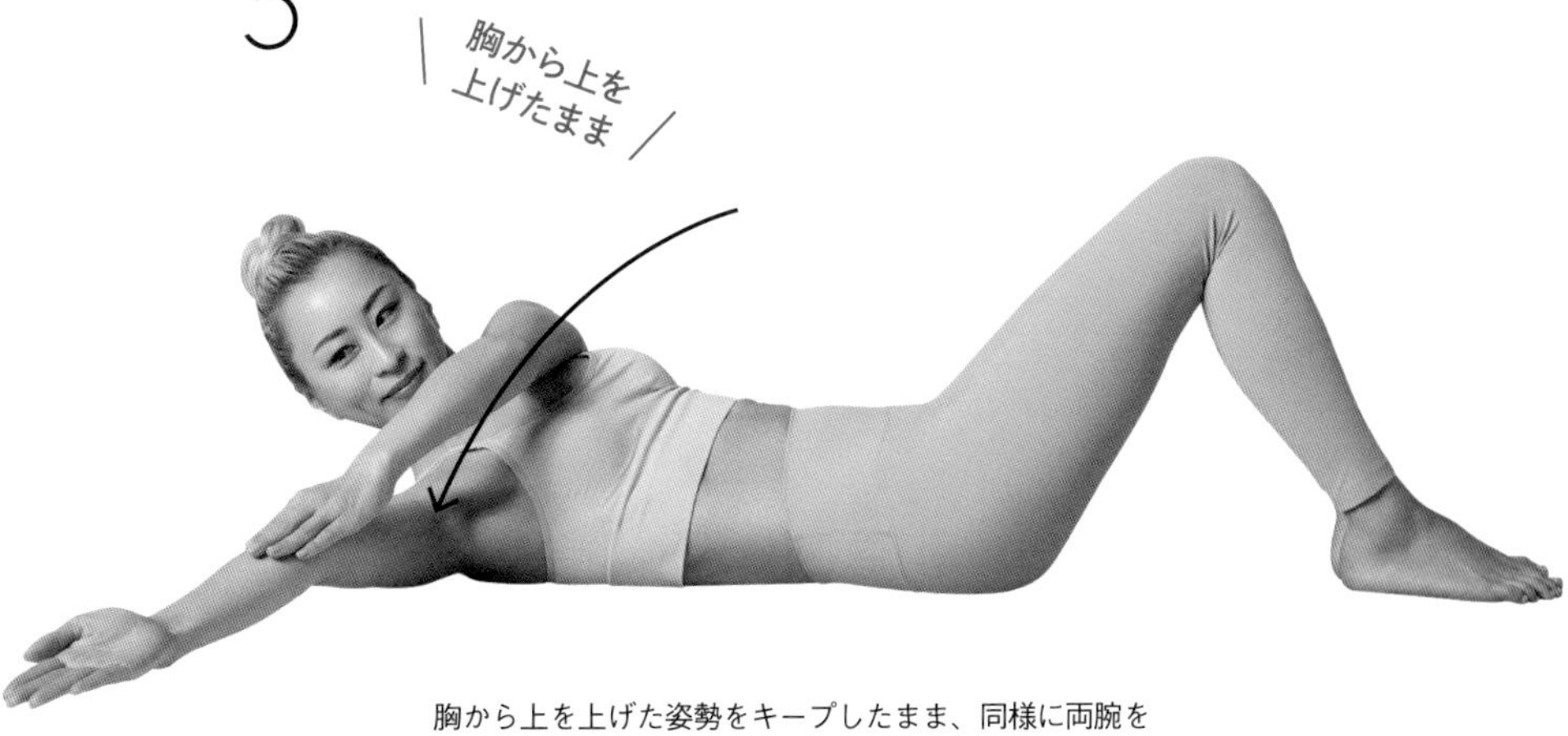

胸から上を上げた姿勢をキープしたまま、同様に両腕をまっすぐ横に倒す。左右各5回を1日10セット。

くびれデザイン 5

ウエストのつぶれを解消
腸腰筋ストレッチ

上半身と下半身をつなぐ腸腰筋を伸ばして、くびれのできる肋骨と骨盤の間隔をさらに広げる。腸腰筋は正しい姿勢を保つために使われるため、背筋が伸びて肋骨も引き上がり、おなかまわりがすっきり。腰痛の改善にも。

1

右足が前に来るように、横座りをする。

2

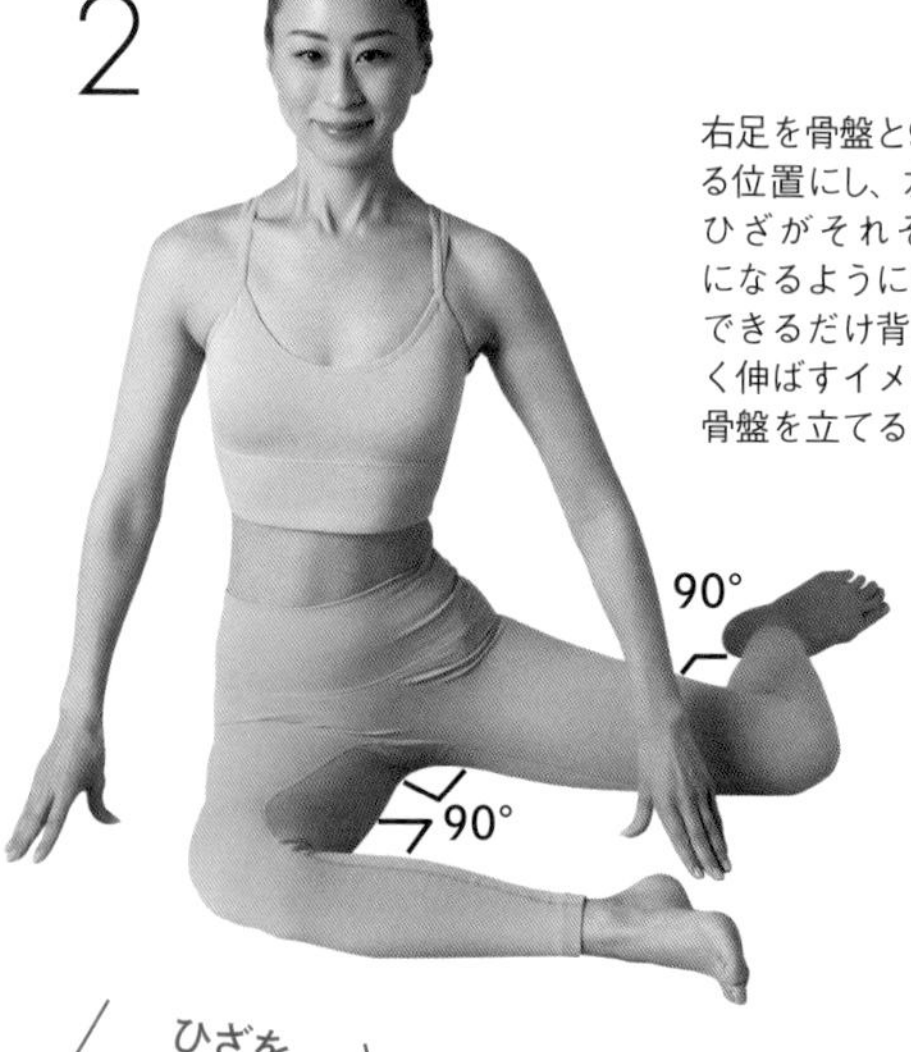

右足を骨盤と90°になる位置にし、左右のひざがそれぞれ90°になるように曲げる。できるだけ背中を長く伸ばすイメージで骨盤を立てる。

ひざを90°に曲げる

ここに効く

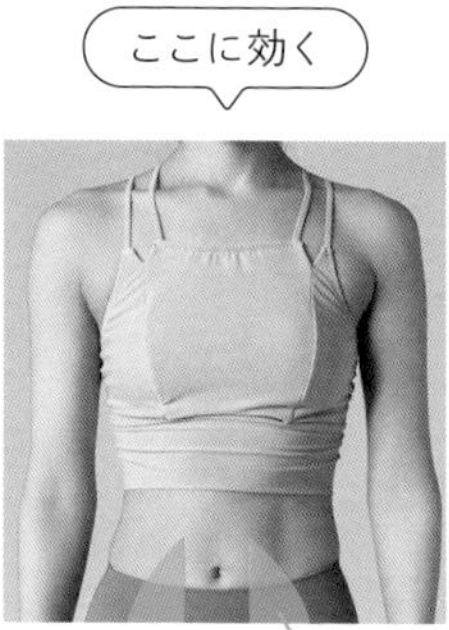

3

両腕をまっすぐ上げて肋骨を引き上げ、脇腹から股関節までを伸ばす。反り腰にならないよう、骨盤を意識して。

4

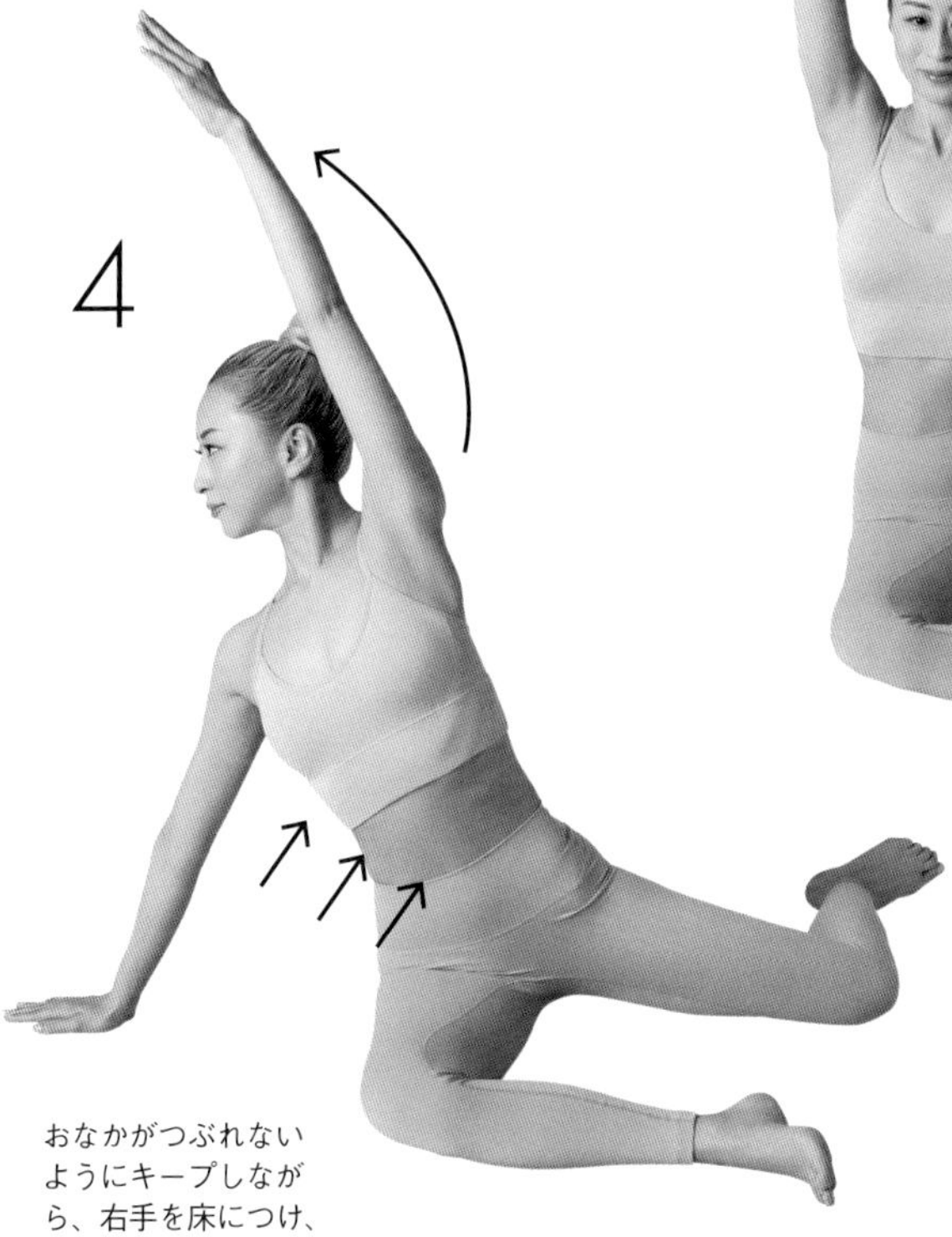

おなかがつぶれないようにキープしながら、右手を床につけ、左手を体側の延長線上に伸ばす。ひじが曲がらないよう注意。

5

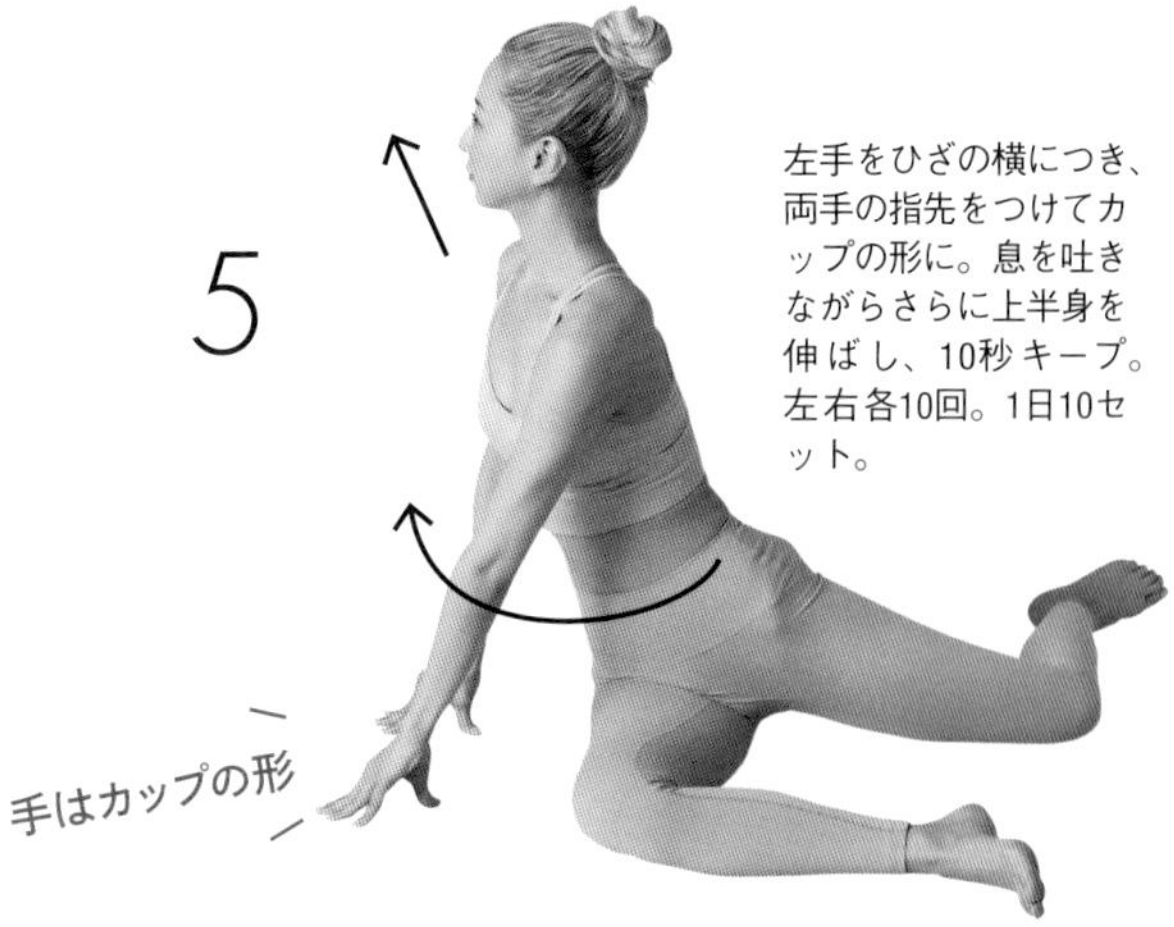

左手をひざの横につき、両手の指先をつけてカップの形に。息を吐きながらさらに上半身を伸ばし、10秒キープ。左右各10回。1日10セット。

くびれデザイン 6

広背筋を動かし腰上肉をそぐ！後ろワイパー

後ろ姿をおばさん化させる腰上のお肉は、広背筋を刺激して撃退。日頃あまり動かさない部分だからこそ、やった分だけ効果の現れやすい場所でもあります。猫背も改善し、姿勢もさらに美しく！

ここに効く

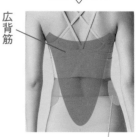

1

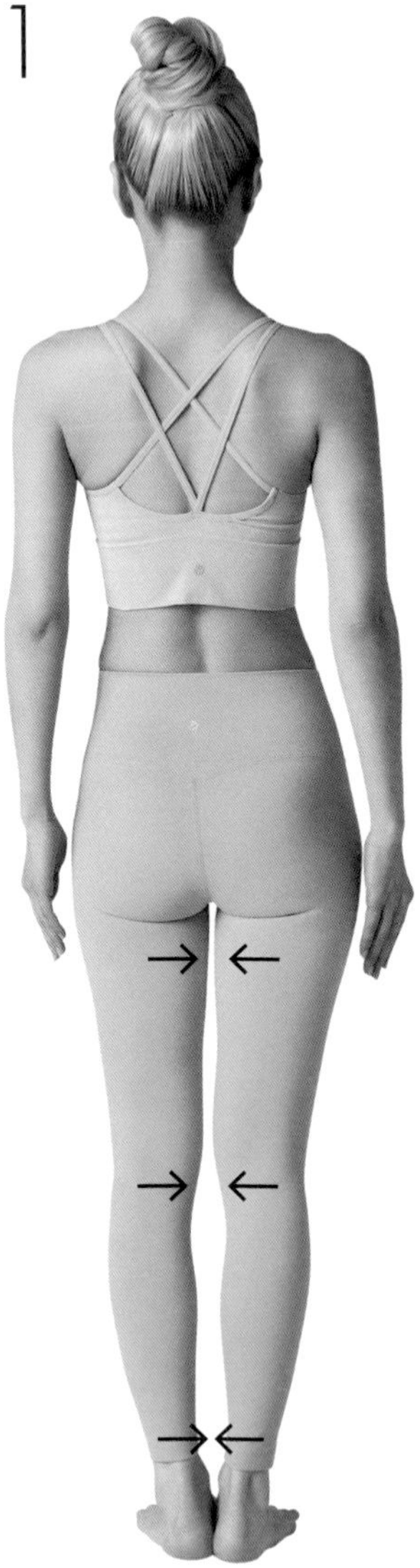

まっすぐ立つ。かかとに重心をのせて、くるぶし～ひざ～内ももを引き締める。反り腰にならないように注意。

2

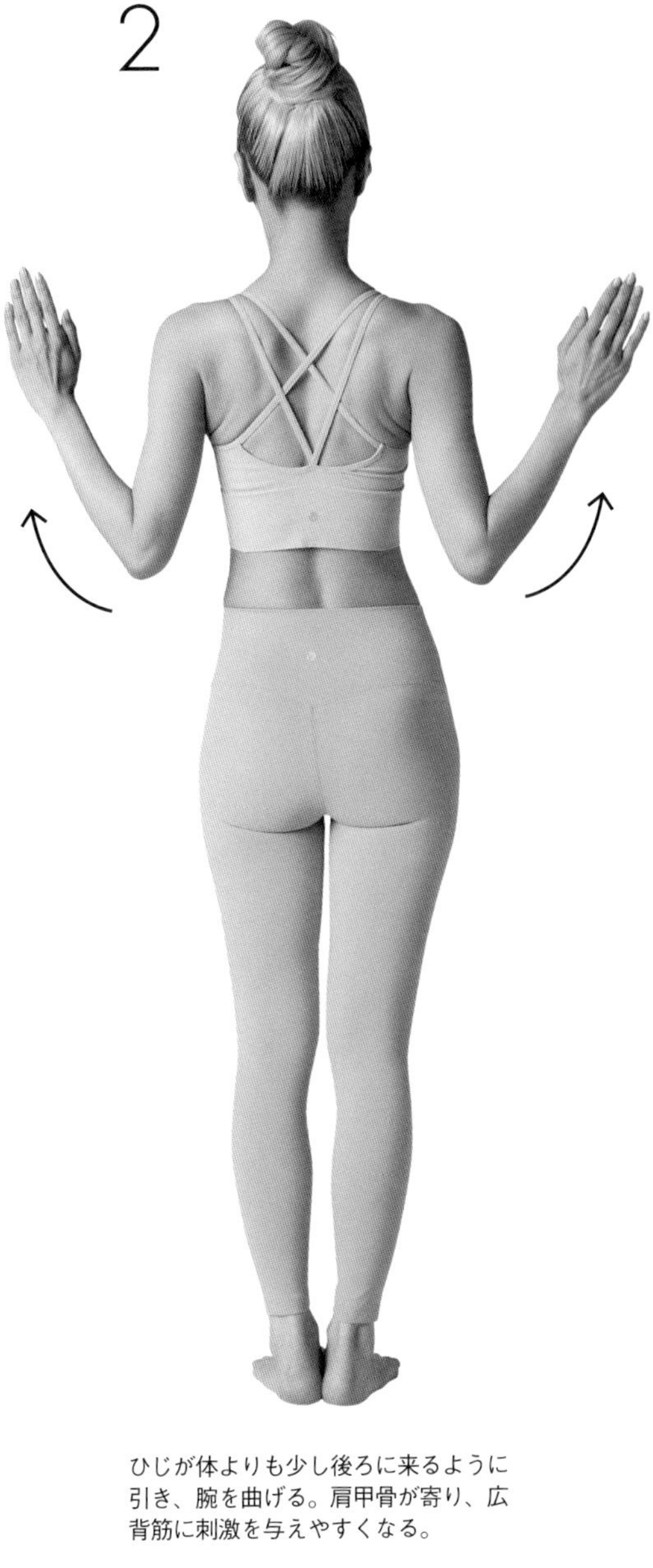

ひじが体よりも少し後ろに来るように
引き、腕を曲げる。肩甲骨が寄り、広
背筋に刺激を与えやすくなる。

3

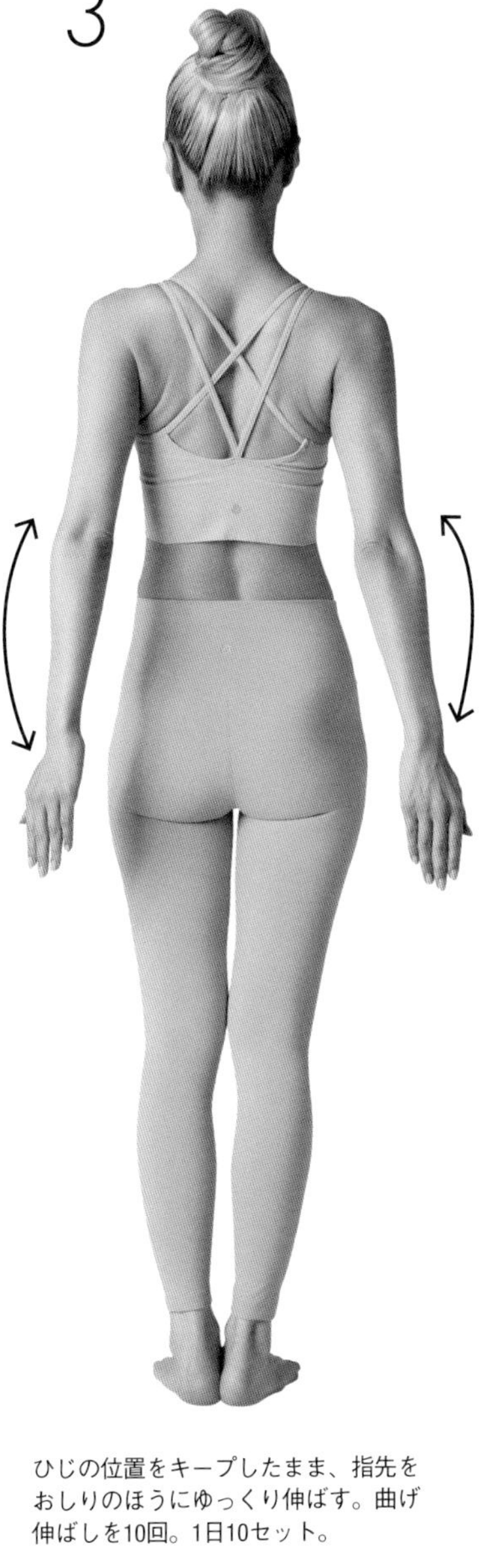

ひじの位置をキープしたまま、指先を
おしりのほうにゆっくり伸ばす。曲げ
伸ばしを10回。1日10セット。

くびれデザイン 7

ぽっこり出た胃をおさめる 腹直筋リリース

手の届きにくい肩甲骨の間にある凝り固まった筋肉を伸ばして、背中〜腰の奥深くまでをほぐします。背骨をまっすぐ整えるので内臓が引き上がり、ぽっこり浮き出た胃もフラットに。ねじりの効果でウエストもシェイプ。

1

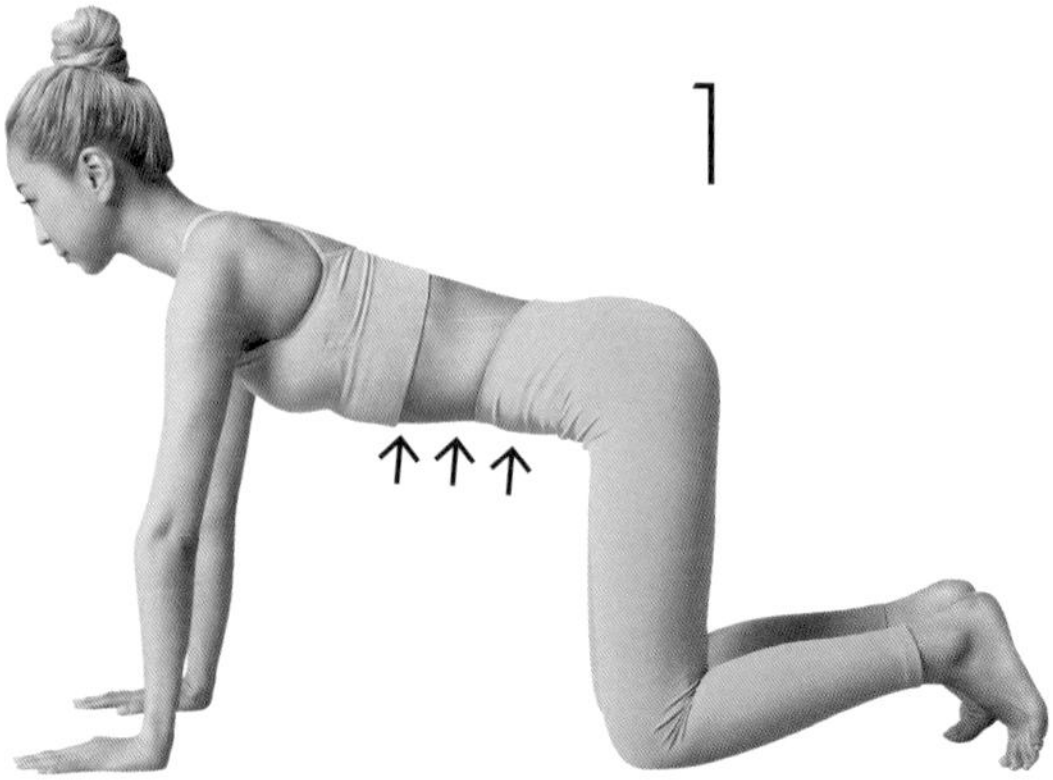

よつんばいになる。手は肩の真下に。ひざは腰幅に開き、股関節の真下にひざがくるようにして。肋骨とおなかは引き上げて。

2

脇の下から手を入れる

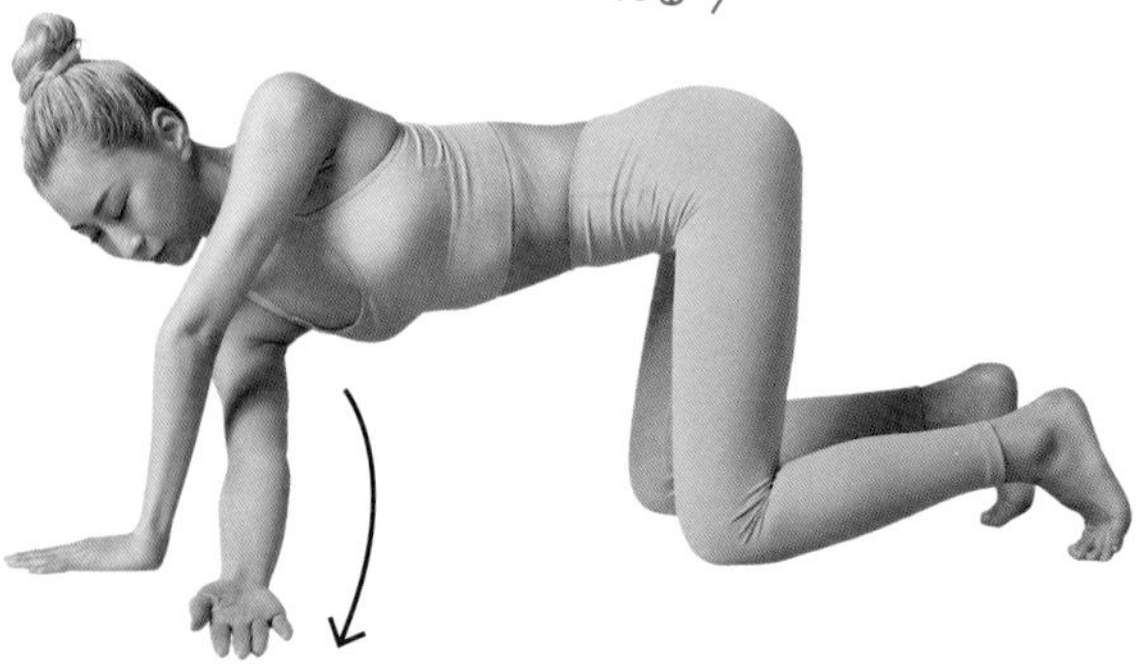

右腕を左脇の下をくぐらせて伸ばす。骨盤は左右平行をキープ。

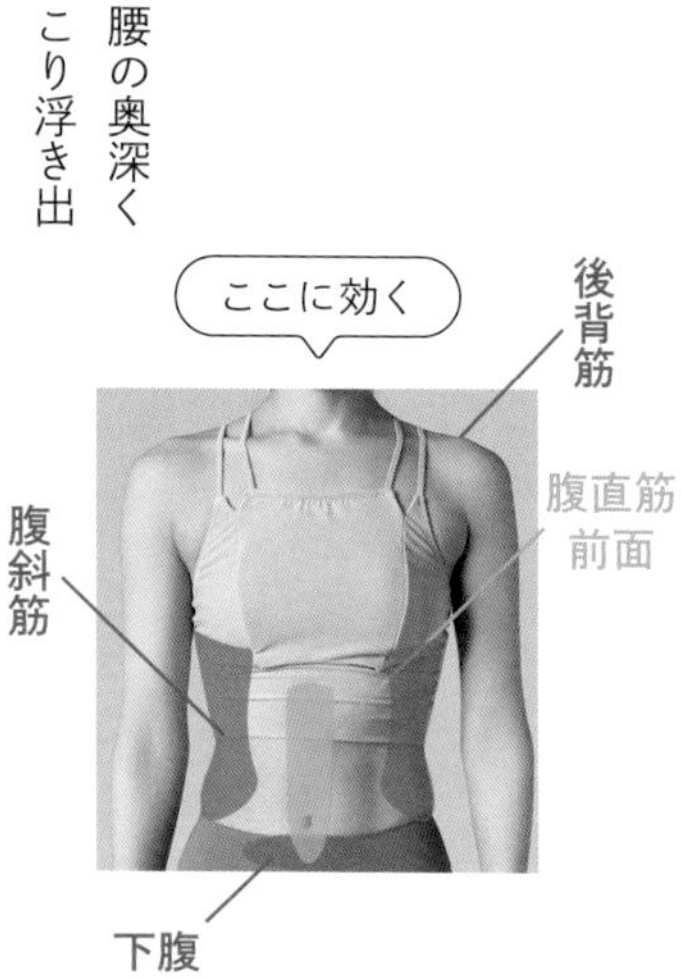

3

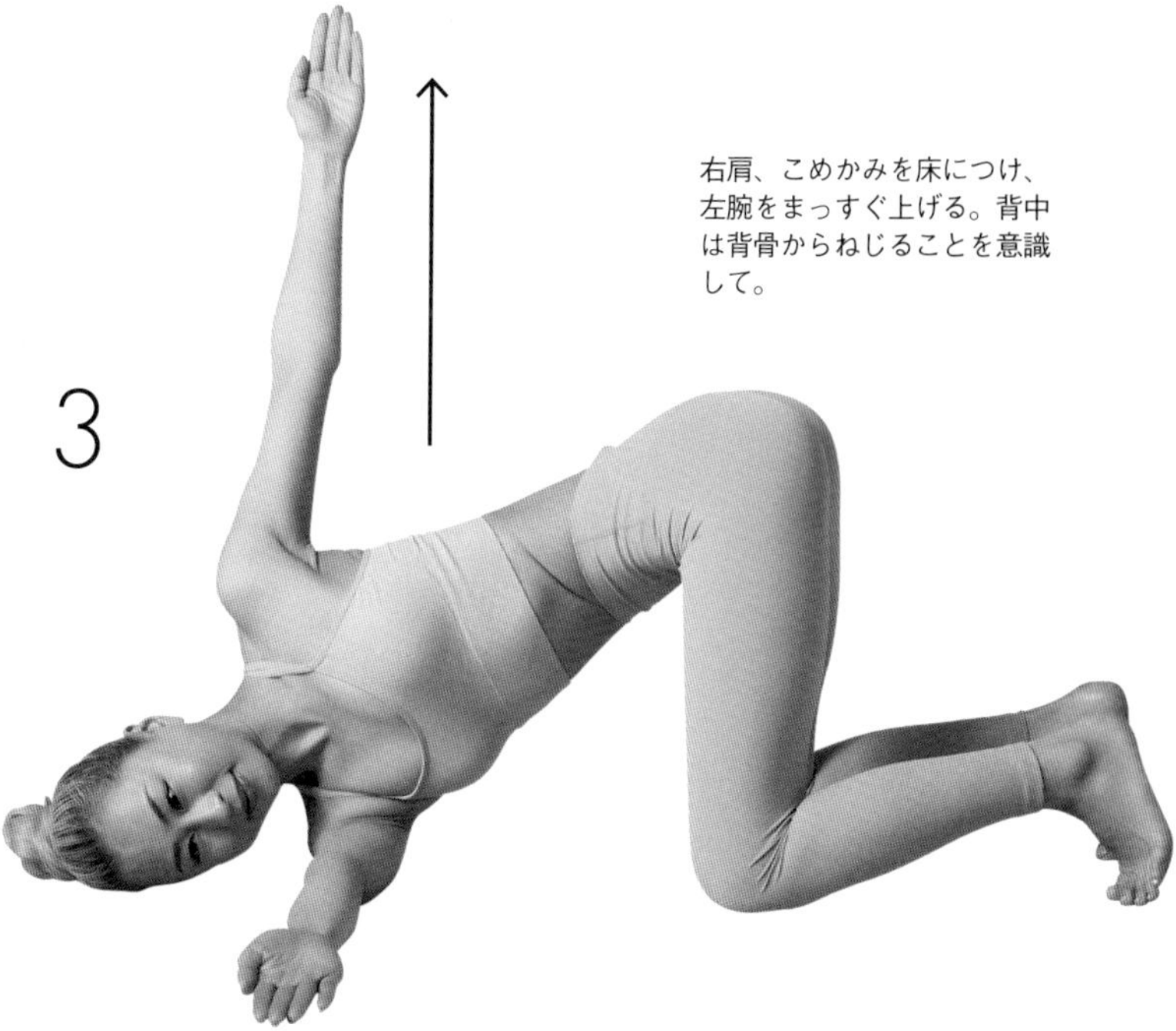

右肩、こめかみを床につけ、左腕をまっすぐ上げる。背中は背骨からねじることを意識して。

4

手を右足のつけ根に

後ろから見ると

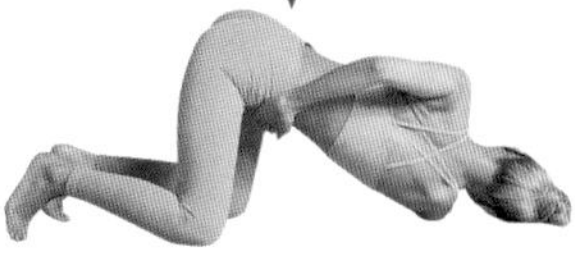

伸ばした腕の手のひらを返して右腰に回し、10呼吸キープ。反対側も同様に。1日10セット。

くびれデザイン 8

内臓を引き上げずん胴をリセット
腹斜筋伸ばし

脱力して体重をかけながら肩甲骨〜腹斜筋のラインを確実に伸ばして、内臓を正しい位置に整えます。また、上腕二頭筋〜肩まわりがほぐれるため、胸が開いて姿勢が正しく、全身のめぐりも改善、代謝もぐんと上がります。

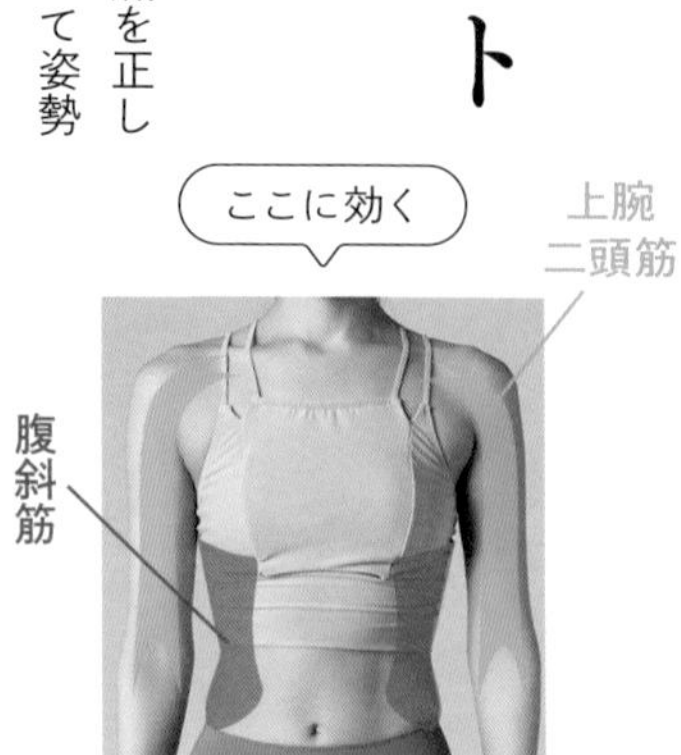

1

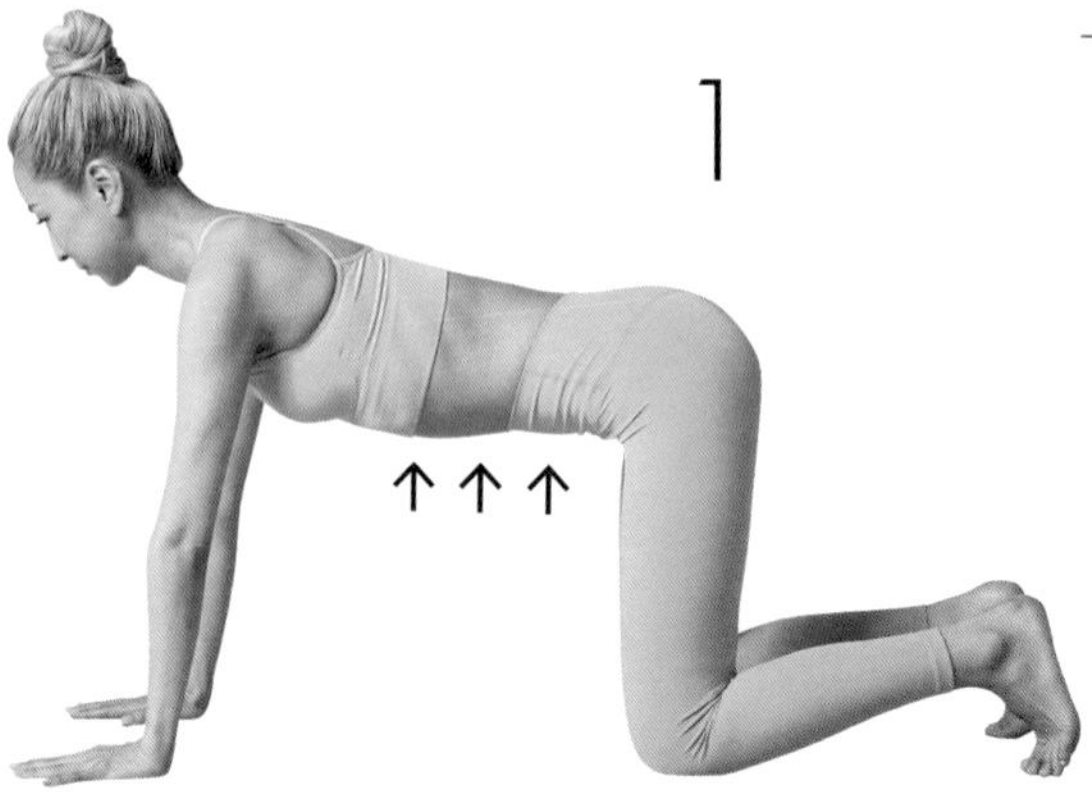

よつんばいになる。手は肩の真下に。ひざは腰幅に開き、股関節の真下にひざがくるように。肋骨とおなかが落ちないように引き上げて。

2

右ひじを右肩の真下につく。骨盤は平行をキープ。

3

手のひらを上に向けて、左腕をまっすぐ伸ばす。手のひらを上に向けることで、肩甲骨がしっかり開きます。

4

腕の内側に頭をおく。力を抜いて体重をかけながら伸ばした腕をゆらゆら揺らし、10呼吸。反対側も同様に。1日10セット。

くびれデザイン 9

たるんだ下腹を引き締める 足ハートエクサ

腹筋群の中でもとくにおなかの中心にある腹直筋を刺激するエクササイズ。下腹部をへこませるのに効果的。一度高い位置に足を上げてからスタートすると、反り腰にならずしっかり下腹に効かせられる。むくみも解消。

1

あおむけになり、肩が沈まないようにひじで支えながら上半身を起こす。両方のかかと、足の内側をつけてまっすぐ伸ばす。

2

一度垂直に足を上げ、30°くらい下げた位置からスタート。反り腰にならないためのポイント。

3

下腹を引き締めながら、足先でゆっくり縦長のハートを描く。腰が反ってしまう人は、慣れるまでおしりを手で押さえてもOK。

ここに効く

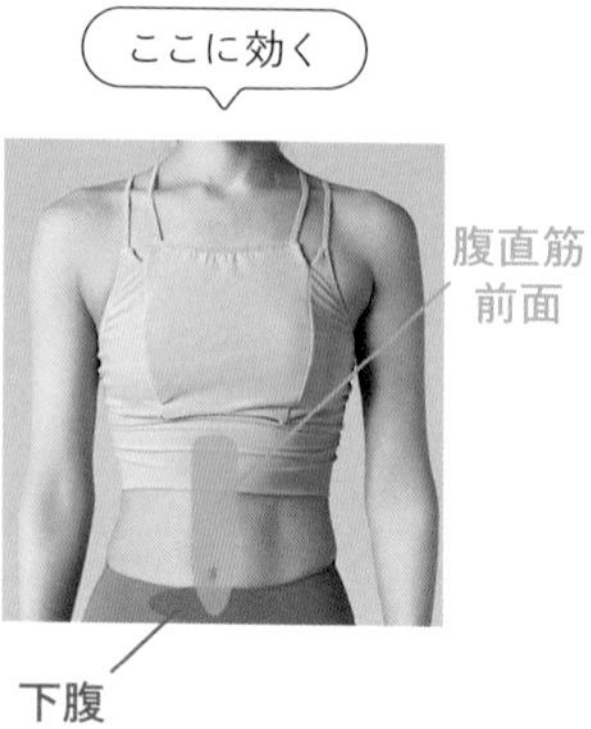

4

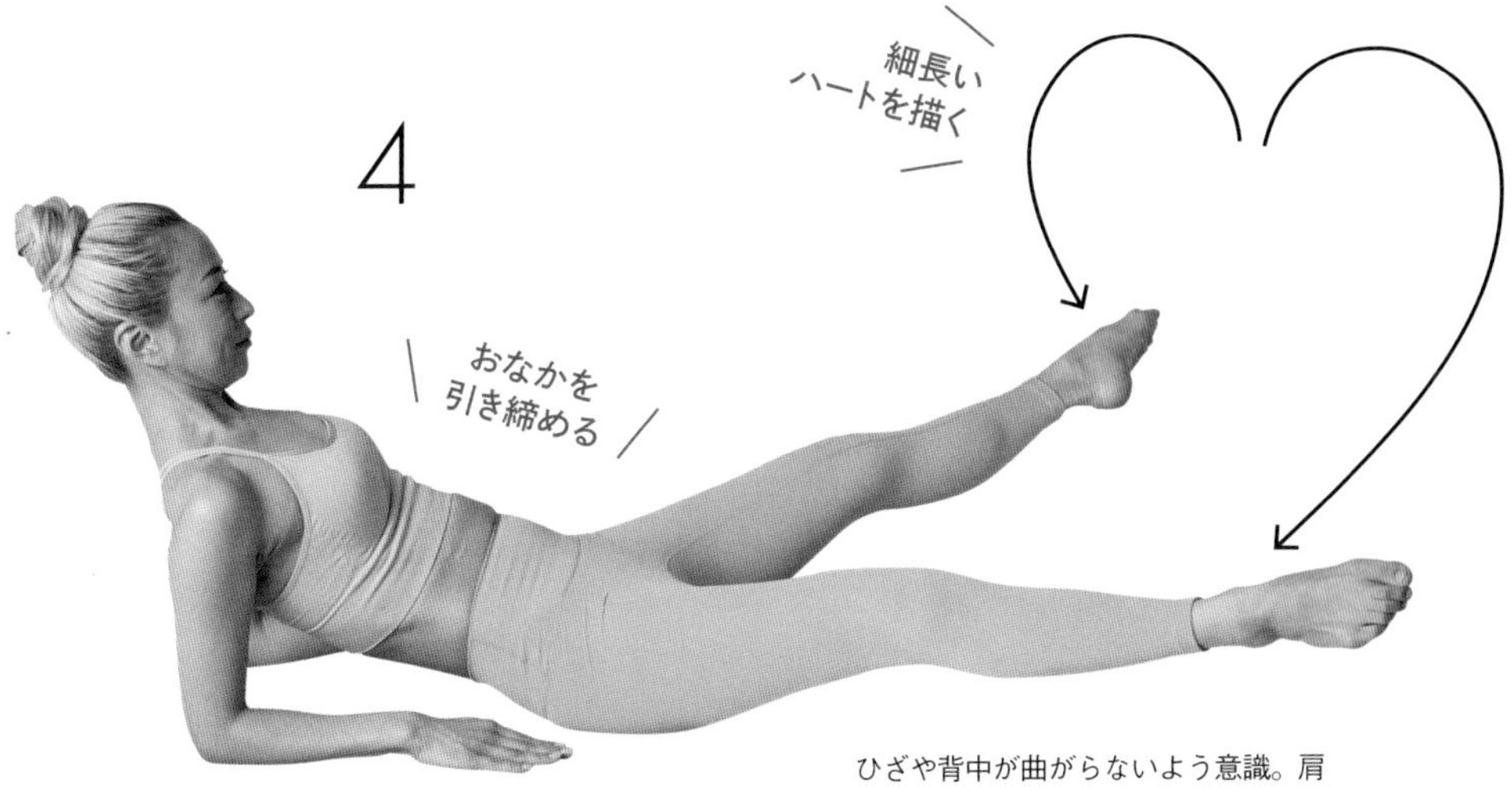
細長い
ハートを描く
おなかを
引き締める

ひざや背中が曲がらないよう意識。肩が沈み、猫背になると下腹が鍛えられないので注意して。

5

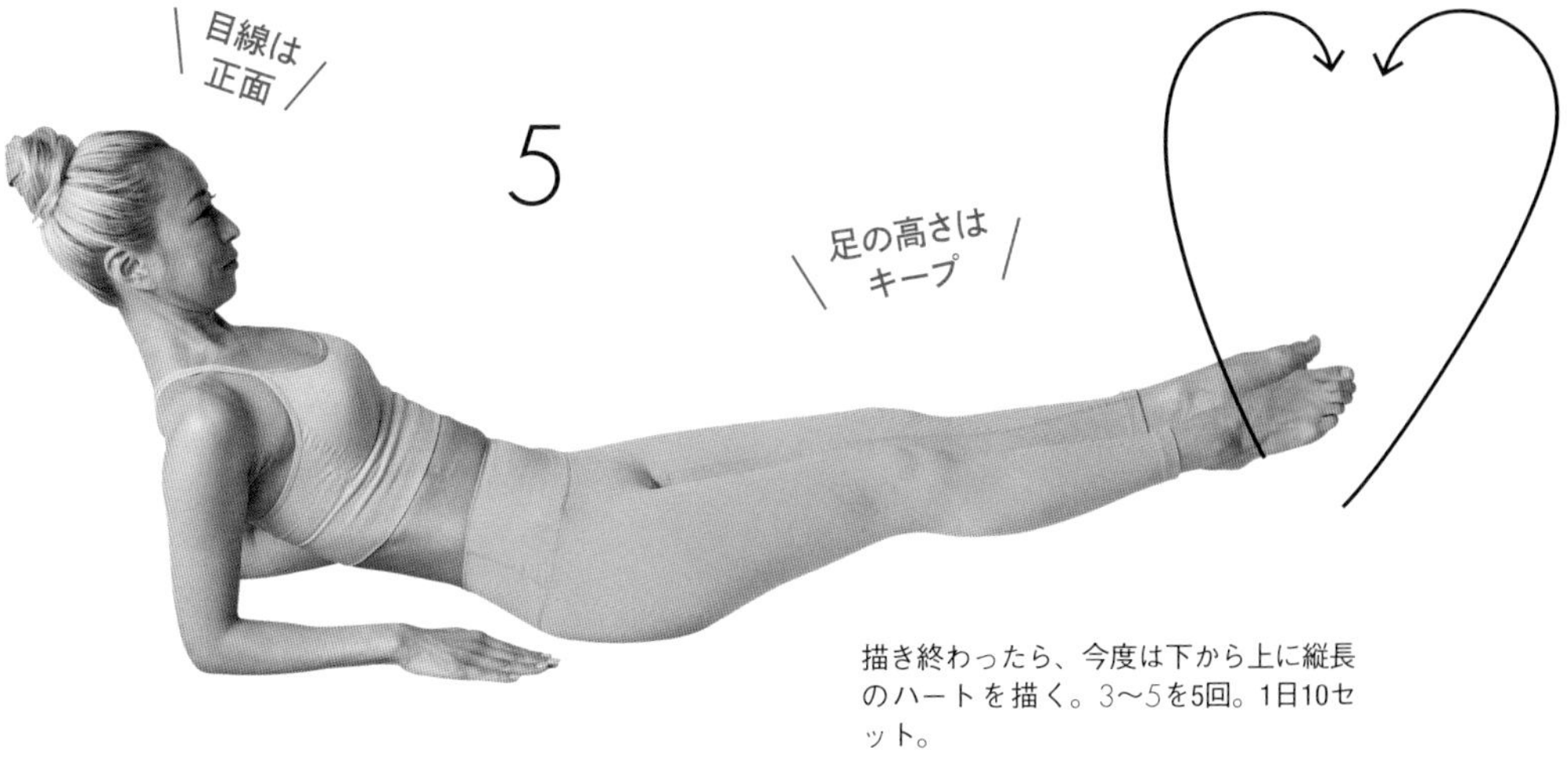
目線は
正面
足の高さは
キープ

描き終わったら、今度は下から上に縦長のハートを描く。3〜5を5回。1日10セット。

くびれデザイン 10

腹圧でおなか前面を押し込む

腹圧ツイスト

コルセットのように体幹をまっすぐキープしてツイスト。腹圧を使いながら、腹筋群にアプローチしてぽっこりおなかをぐっと押し込むエクササイズ。ボートをこぐイメージで、足をリズミカルに左右に動かしましょう。

1

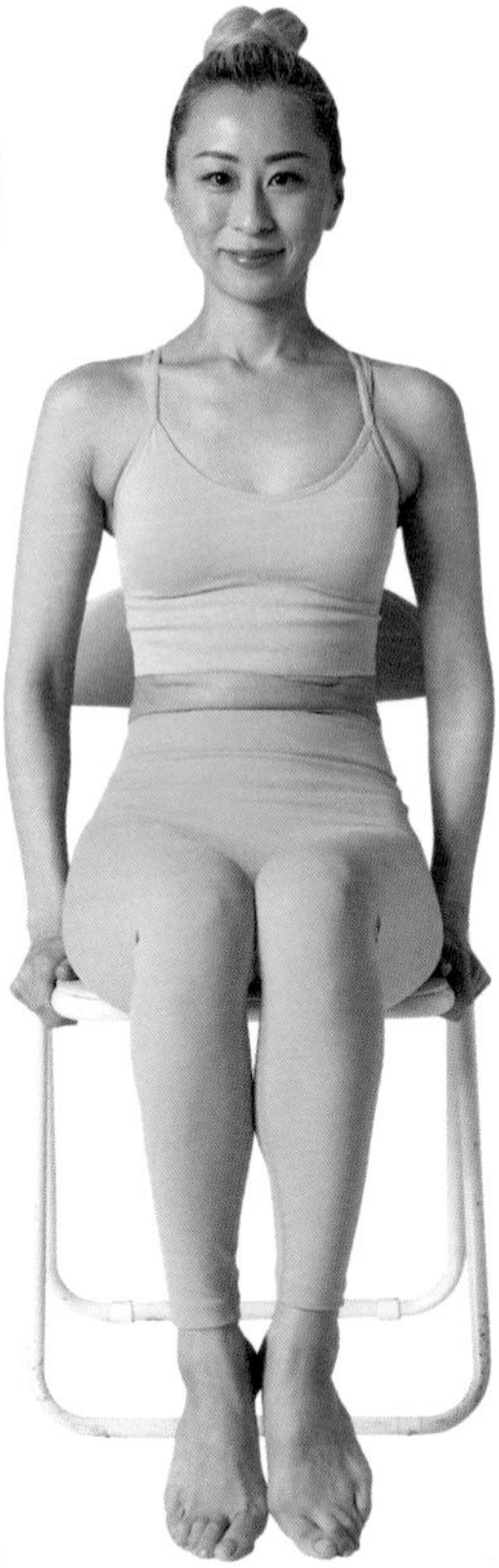

背もたれに背中がつかないように浅めに座り、イスのふちをつかむ。両ひざをつけて、足の指先を立てる。

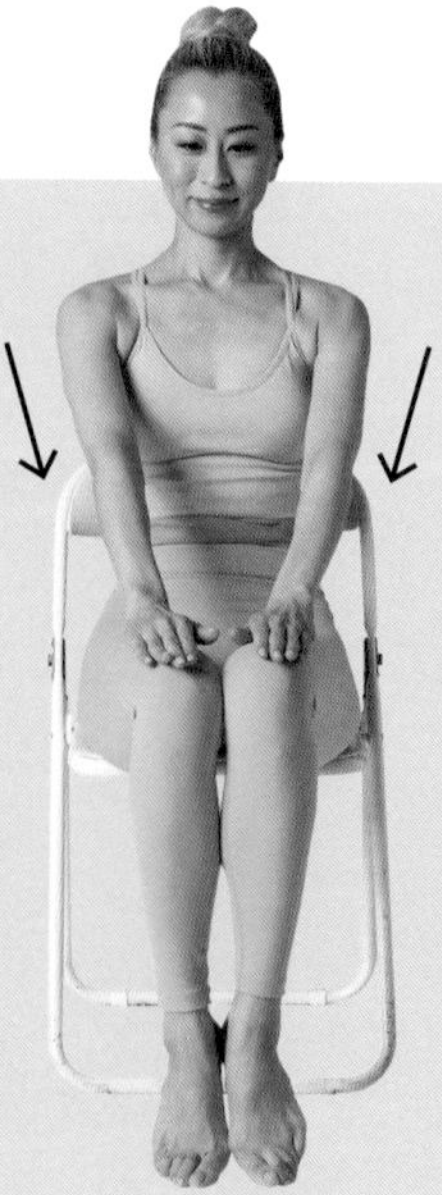

腹圧をかける方向を
意識して
おなかをへこませて

正しい腹圧のかけ方（p.42）を意識することで、体幹が安定。腹筋を効果的に鍛えられます。

ここに効く

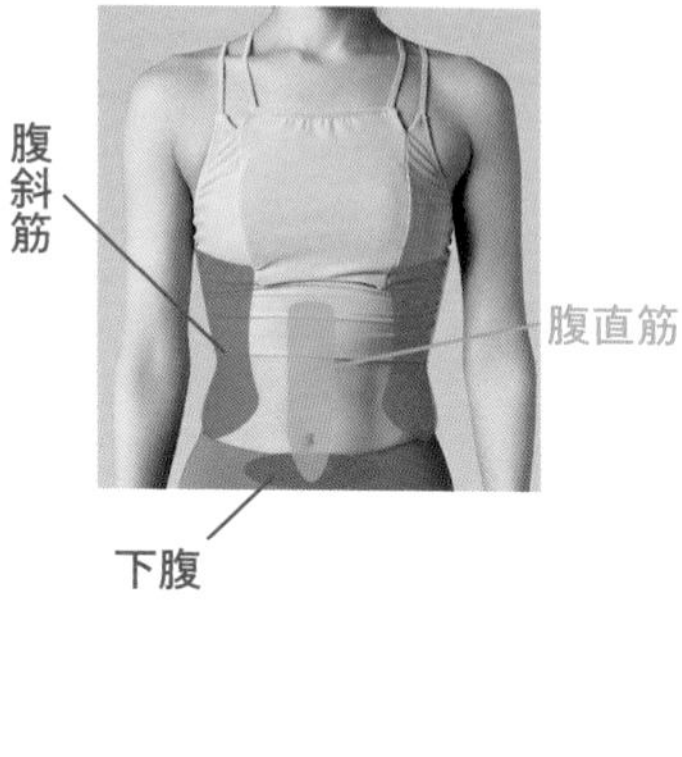

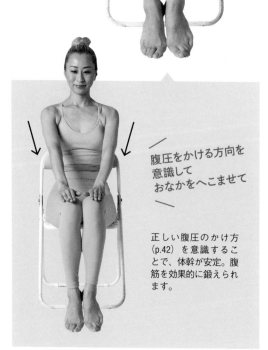

2

ひざが離れないように
キープしながら、おな
かを引き締め、ひざを
持ち上げてゆっくり左
右に動かす。

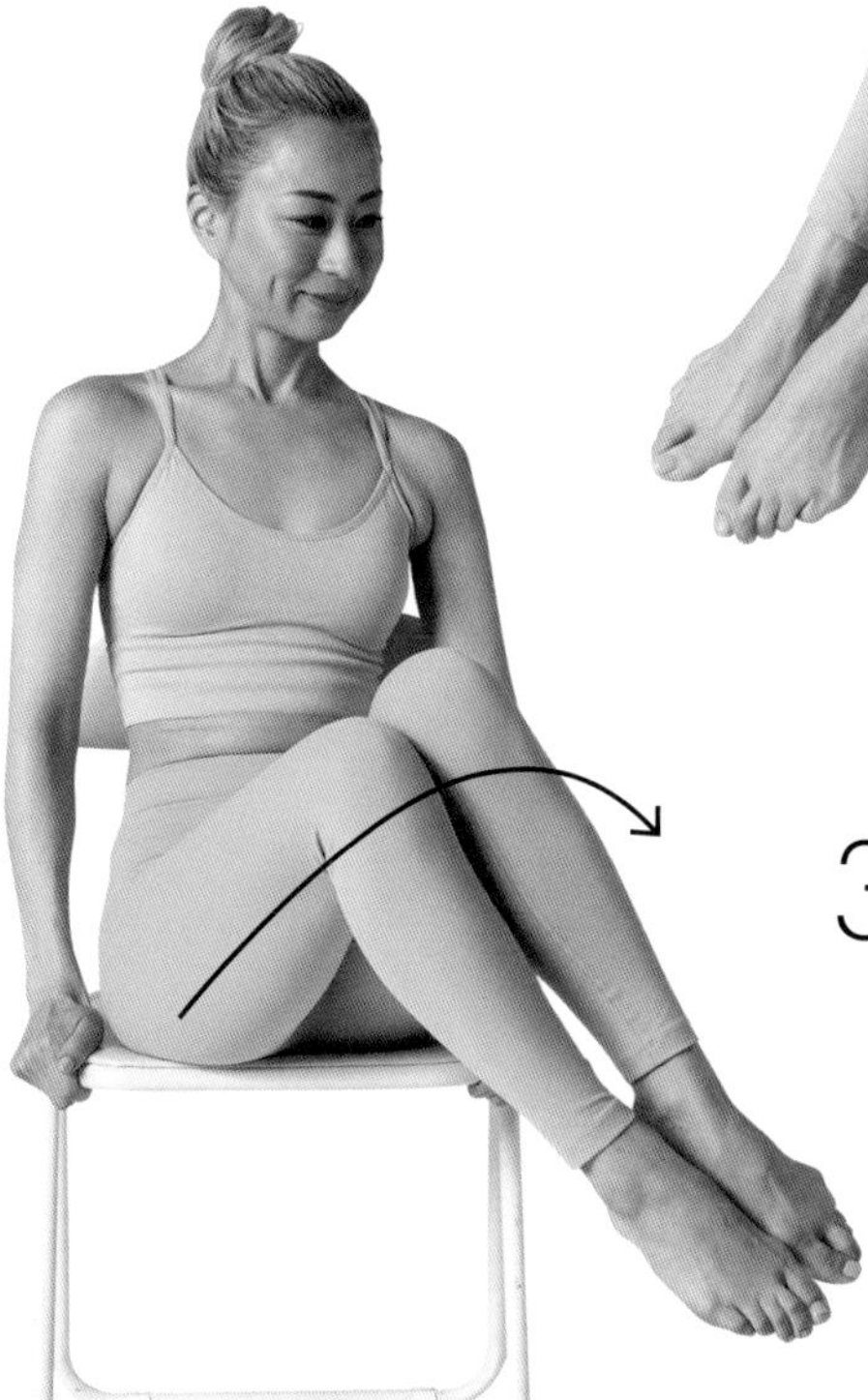

3

上半身はまっすぐ保つ。
ひざを左右に大きく動
かすほど下腹への刺激
がアップ！ 左右各10
回。1日10セット。

くびれデザイン

11

内臓を支える腹圧を強化 くびれ形状記憶

74ページの腹圧を高めるエクササイズをパワーアップ。腰が丸くならないよう、股関節を後ろに引くイメージでおなかをへこませるのがポイント。慣れてきたら、上半身を左右に動かせばさらに効果アップ！

1

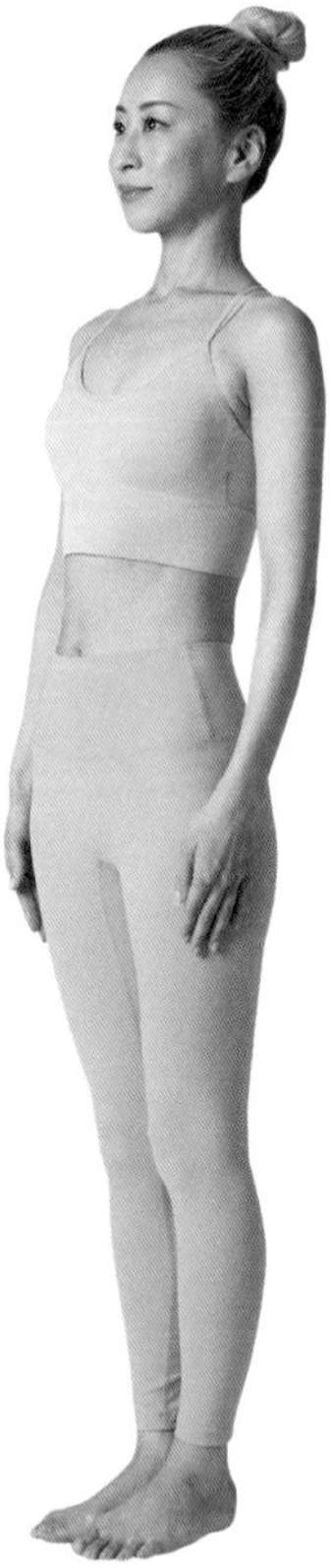

かかと、ひざの内側を寄せてまっすぐ立つ。かかとに重心をのせて、反り腰にならないように注意。

2

わしのポーズの手

右が上になるように両手のひじから先をクロスさせ、左右の手のひらを合わせるヨガの「わしのポーズ」で手を組む。手の甲を合わせてもOK。反り腰にならないよう、股関節を引く。

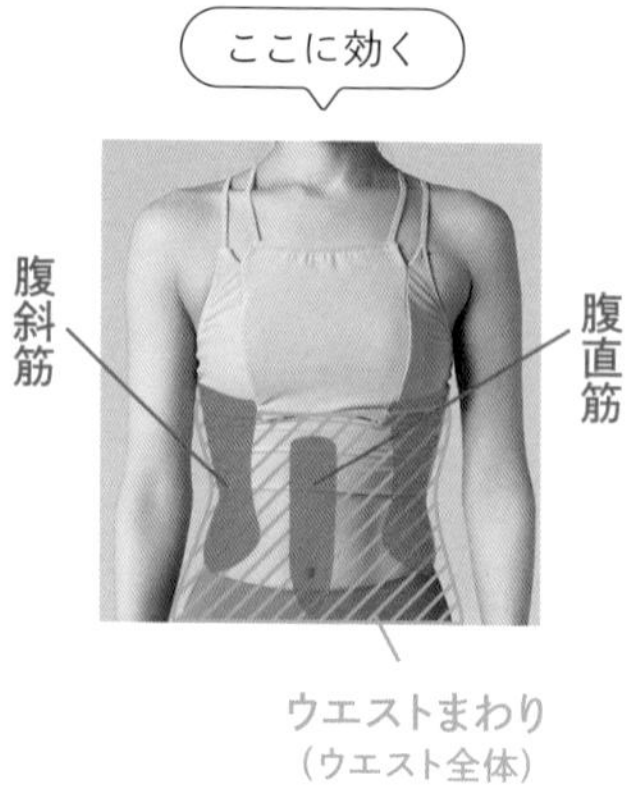
ここに効く
腹斜筋
腹直筋
ウエストまわり
（ウエスト全体）

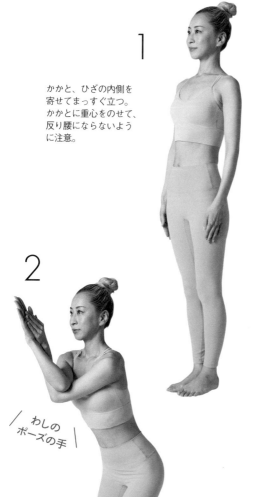

3

吐く
腰が
反らないように

腕を前に出すのと同時に、ふーっと息を吐きながら股関節をさらに後ろに引いておなかをへこませる。2に戻り10回。左右の手を入れかえながら1日10セット。

4

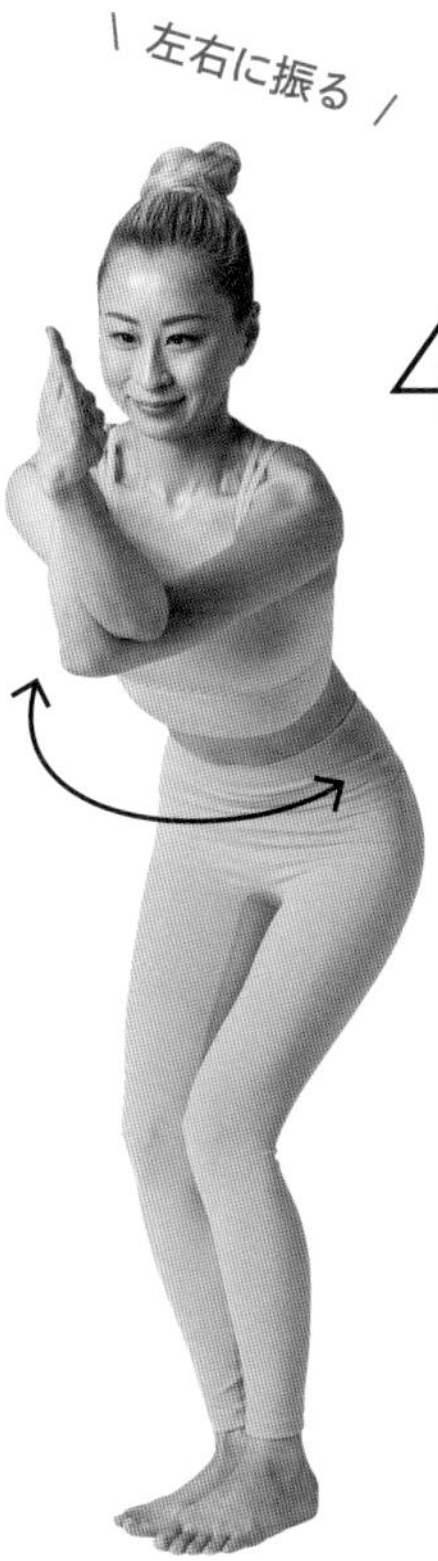
左右に振る

もっとがんばりたい人は、3の状態から、上半身をまっすぐにキープできる範囲で左右に動かす。

5

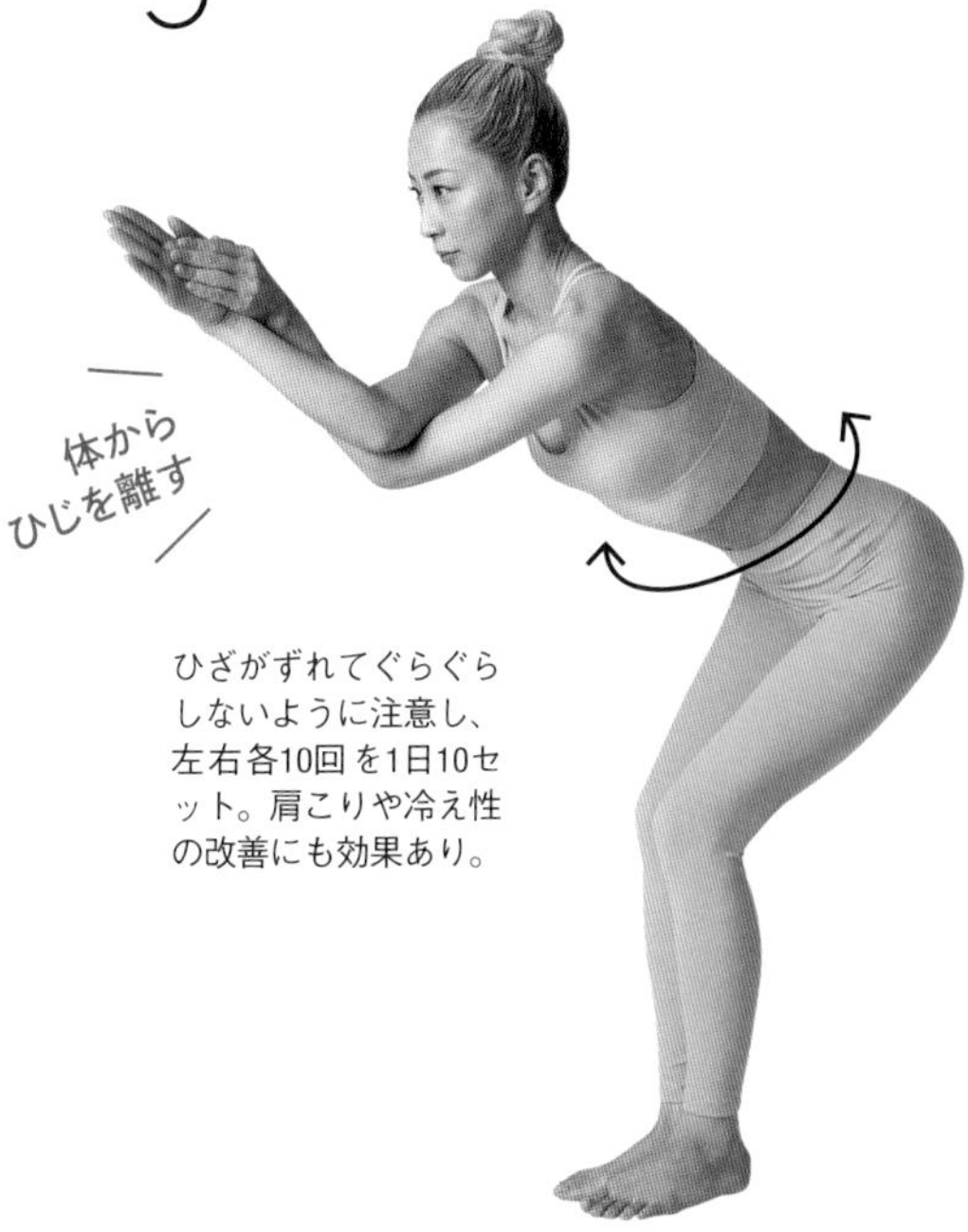
体から
ひじを離す

ひざがずれてぐらぐらしないように注意し、左右各10回 を1日10セット。肩こりや冷え性の改善にも効果あり。

part 3

体の中から筋トレ！　代謝アップ！

くびれをつくる呼吸&マッサージ

くびれをつくり、キープするために
ぜひ呼吸法やマッサージも取り入れてください。
代謝を上げ、おなかまわりに体の内外からアプローチ。
やせやすく太りにくい、くびれ体質が手に入ります。

呼吸はダンベル！
体の中から筋肉と内臓を引き締める

実は、呼吸はくびれづくりのためにとても重要な役割を果たします。体の中から肋骨や腹筋を引き締め、内臓を引き上げながら温め、全身の代謝を促します。

呼吸はダンベル。呼吸が浅いのは、ダンベルを持たずに運動しているようなもの。

呼吸が浅いとおなかまわりの筋肉が使われず、脂肪がつきやすくなります。また、肋骨の間の筋肉「肋間筋」は体の外からはアプローチできず、呼吸でしか負荷がかけられません。呼吸が浅く、肋間筋が凝り固まっていると肋骨がつぶれて開き、固まってずん胴に。内臓が冷えるとむくみでおなかまわりがぽってり。

逆に、呼吸がしっかりできていれば、おのずとおなかまわりは引き締まっていきます。くびれを目覚めさせる呼吸を身につけて。

くびれ呼吸 1

吐いた息で肋骨をぐっと入れ込む！

肋骨閉め呼吸

息を吸うと肋骨が開き、息を吐くと肋骨が閉まります。
この仕組みを利用して、息を吐きながら手で肋骨をぎゅっと引き締めます。
肋骨が閉まる感覚を体に覚えさせ、キープできるようにしましょう。

肋骨を
引き上げる

まっすぐ立ち、骨盤を立てて、腕を上げる。手をクロスし、合掌、親指を正面に。合掌することで肋骨が引き上がり、正しいポジションに戻すことができる。

2

左手は伸ばしたまま、右手を肋骨の下端に添える。みぞおちから肋骨を引き上げながら、鼻からゆっくりと息を吸う。

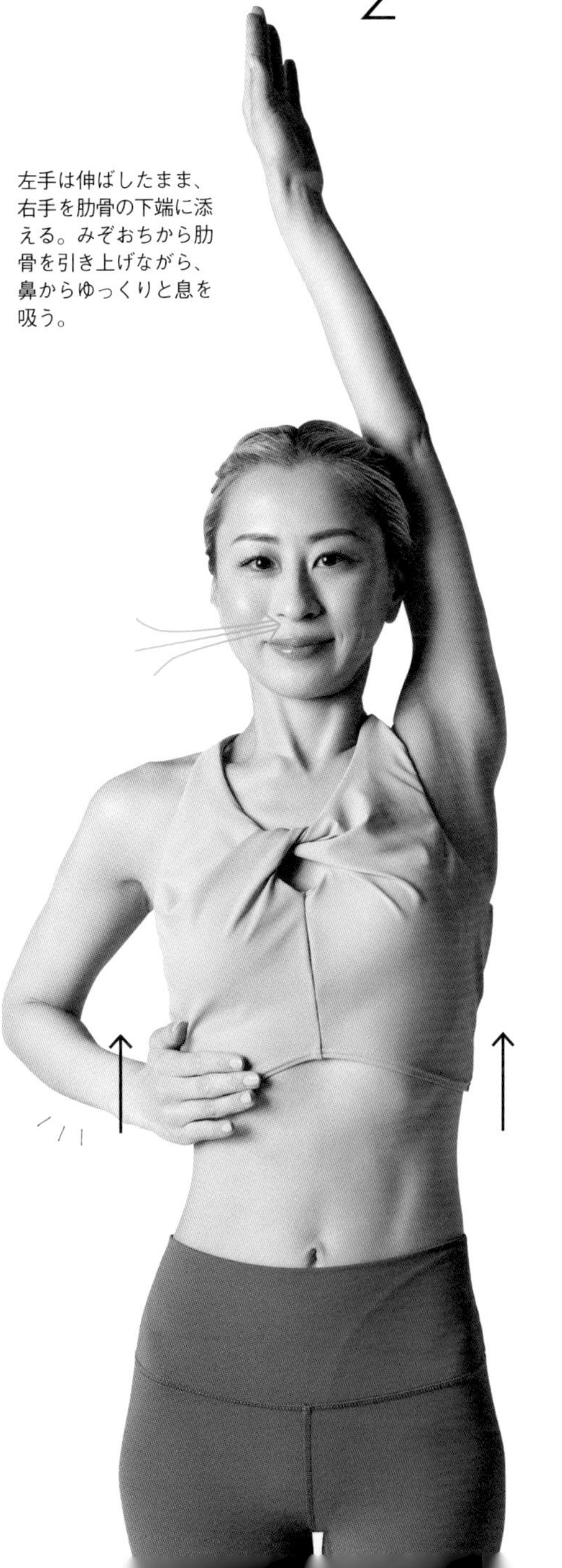

3

鼻からゆっくりと息を吐きながら、手で肋骨をみぞおちに向けて押し込む。左右各10呼吸を1日10セット。 慣れてきたら手を上げずに肋骨を閉め、感覚をつかんだら手のサポートなしで呼吸だけで肋骨を閉められるように。

くびれ呼吸 2

ハッハッハッハーとリズミカルに

内臓脂肪を燃やす呼吸

腹筋を使って「ハッハッハッハー」と短く連続で息を吐き、おなかをしっかりと動かします。おなか前面や下腹部が引き締まるほか、鍛えにくい内臓に刺激を与えられるので、内臓も引き上がり、内臓脂肪も燃焼。くびれづくりに効果的です。

まずは顔の前にティッシュを持って、下腹部をぐっとへこませて、口からハッと強く短い息を吐き、ティッシュがめくれるくらいまで練習を。

1

鼻から大きく息を吸う。胸の上から下腹部まで息が行き渡る状態をイメージして。

2

腹筋を使い、おなかの空気を押し出すように「ハッハッハッハー」と短く連続で3回、最後に長く吐く。1セットを1日10回。電車の中などでも習慣にすればくびれが加速。

呼吸+ねじりで内・外から肋骨を動かす

ずん胴リセット呼吸

深く呼吸をしようとして、逆に気道を閉じてしまっている人がほとんど。

鼻のつけ根から空気を入れることを意識するのが呼吸のコツ。

さらに吐くタイミングで上半身をひねって負荷をかければ、くびれを促進できて一石二鳥。

のどで浅い呼吸をしてしまうとおなかを刺激できません。片手で眉間をつまみ、メガネをかけたときに鼻パッドが当たる鼻のつけ根の部分から空気を入れるイメージで息を吸うと、気道がしっかり開き、肋骨の開閉がしやすくなります。

1

反り腰にならないよう、しっかり骨盤を立てて座り、鼻のつけ根からすーっと空気を入れるように息を吸う。

2

鼻のつけ根から空気を出すようにゆっくりと息を吐く。同時に上半身を背骨が動かないよう意識しながらひねる。肋骨が引き上がり、とくにおなかのサイドがきゅっと引き締まる。左右各10呼吸を1日10セット。

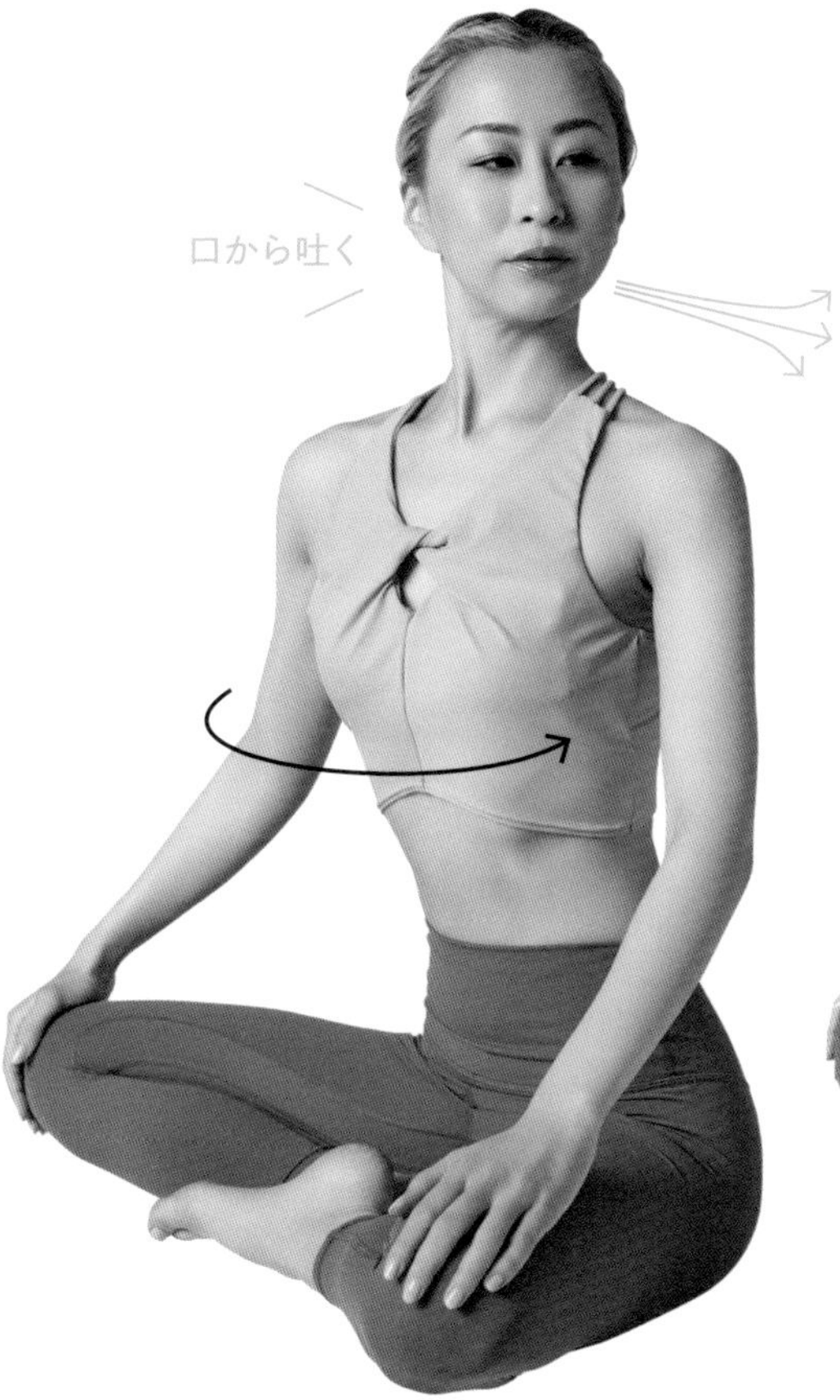

「起きなさ〜い!」眠った脂肪は〝さすって〟起こす!

下腹、腰上など、おなかまわりでとくにお肉が気になる部分をさわってみてください。ひんやり冷たくないでしょうか? さわって冷たいところ=代謝が悪いところ。脂肪は代謝が悪い場所に居座って固まり、ほうっておくとどんどん落ちにくくなっていくのです。

私は体をさわって冷たいと感じた部分に「起きなさ〜い!」と声をかけながらマッサージして温めます。続けると脂肪がつきにくくなります。マッサージがめんどうという人、外出先で冷えを感じた人は、手でさすって摩擦熱で温めるだけでも効果的。

冷えやすい場所＝脂肪がつきやすい場所

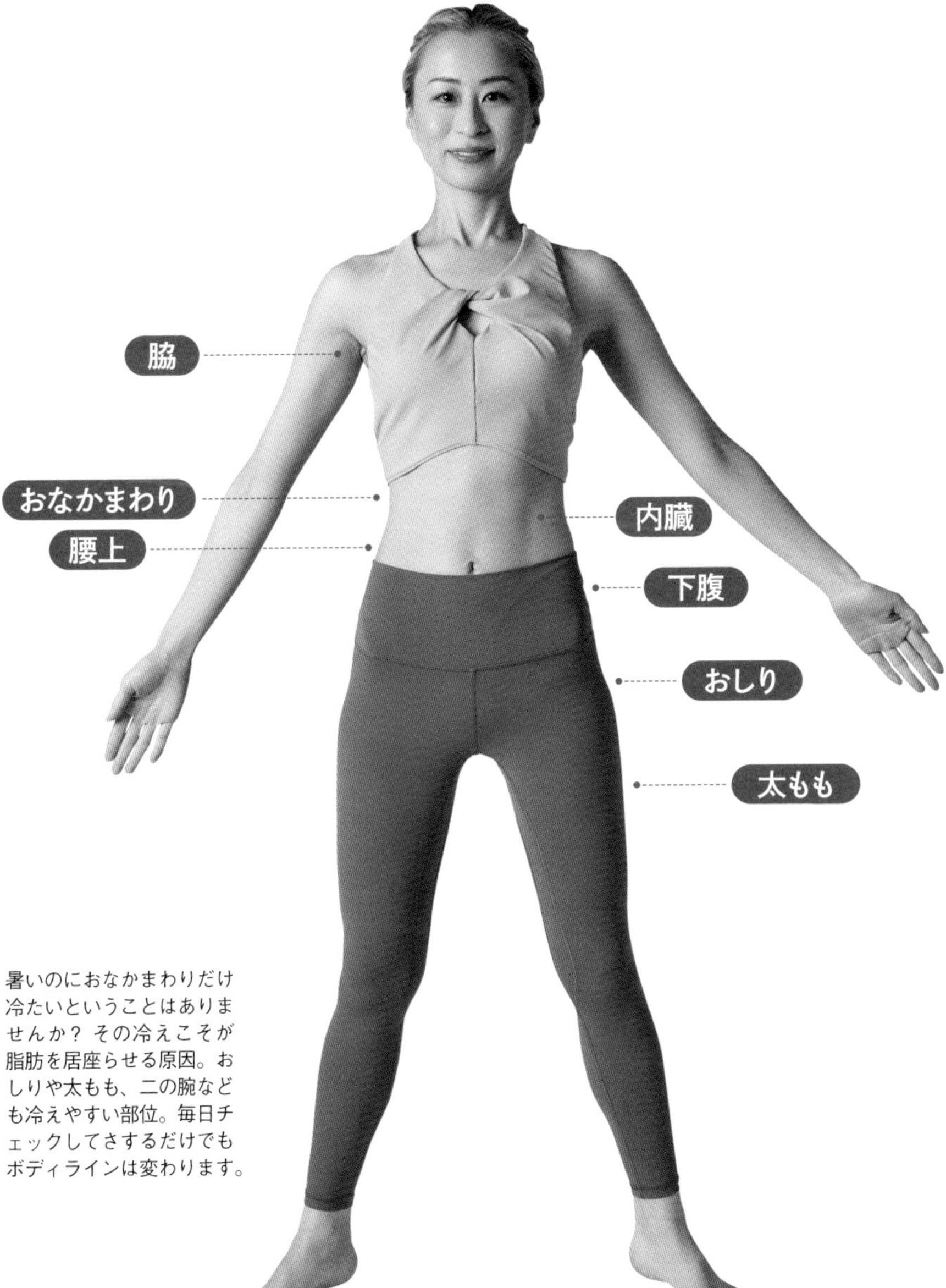

暑いのにおなかまわりだけ冷たいということはありませんか？ その冷えこそが脂肪を居座らせる原因。おしりや太もも、二の腕なども冷えやすい部位。毎日チェックしてさするだけでもボディラインは変わります。

くびれマッサージ 1

「起きなさ〜い！」と呼びかけながらさする

おなかまわりは筋肉が使われにくく、代謝も下がって冷えやすい場所。

メソッドや運動を実行できなかったなという日は、おなかまわりだけでもさすりましょう！

お肉に呼びかけながらさすって、「いらないお肉」を意識することもくびれづくりに効果あり。

1 腰の後ろ

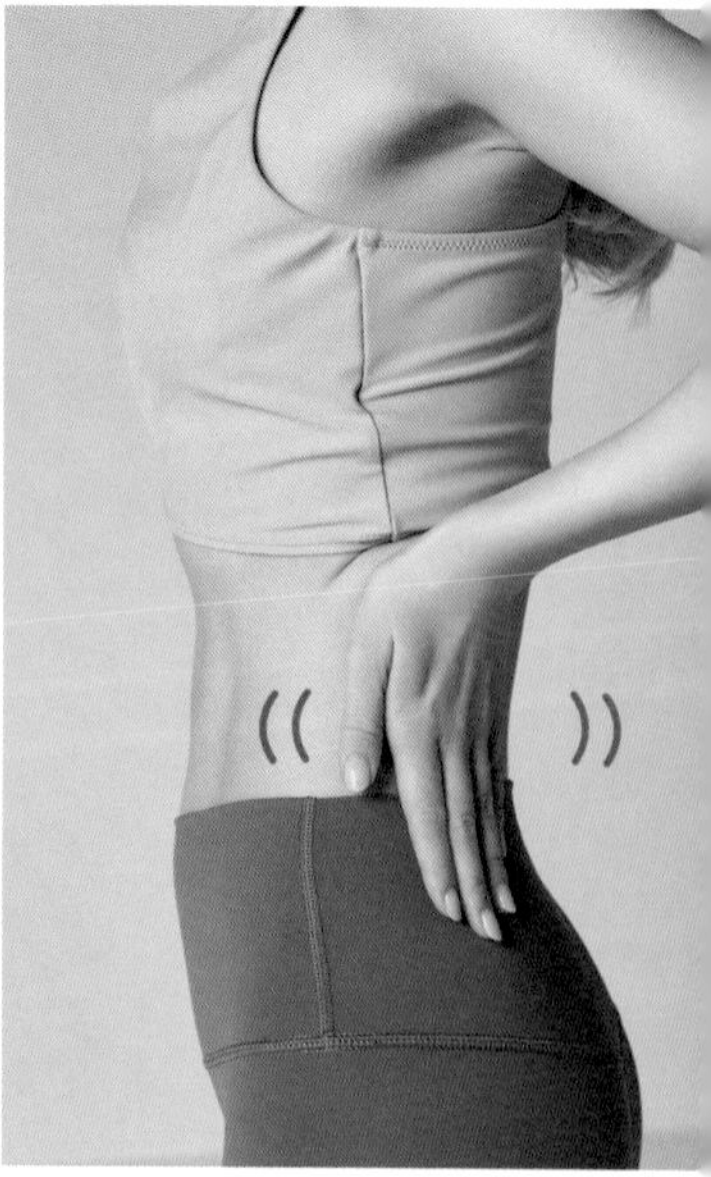

ここに脂肪がつくとおしりが四角く大きく見え、後ろ姿がおばさん化。腰上〜おしりの間をさすって温めて。左右各20回。

2 くびれに沿って

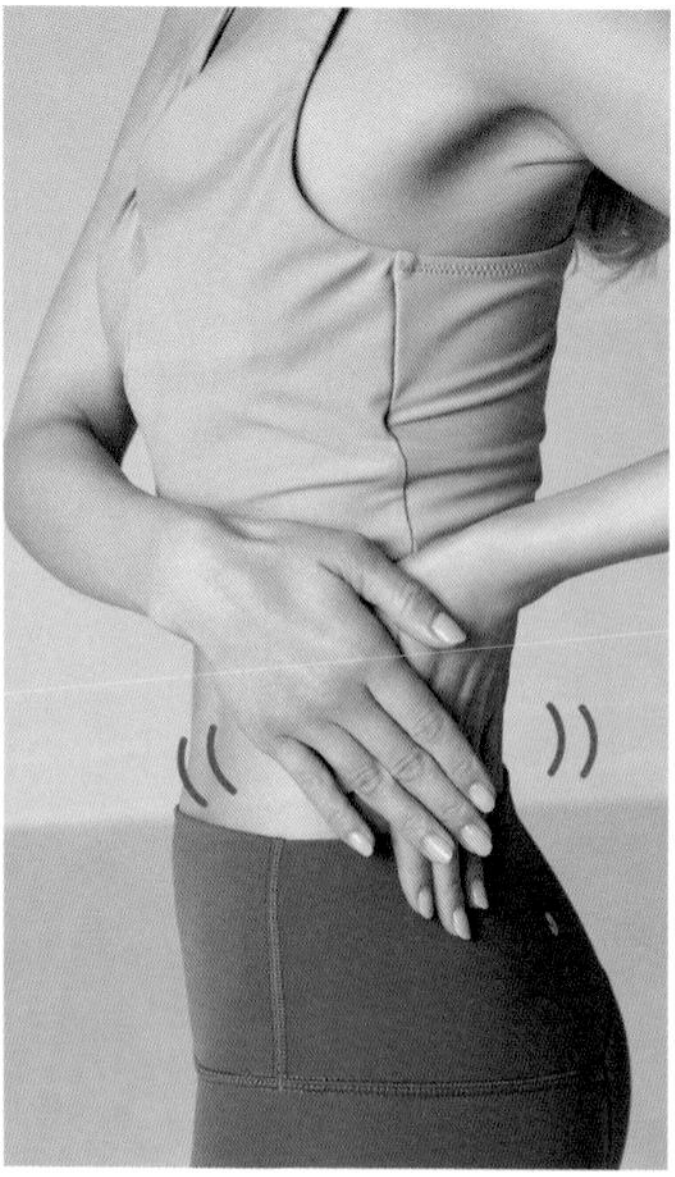

背中からおへそに向かって、腹斜筋に沿ってさすりながら移動。なでるのではなく、摩擦で温まるのを感じる程度の強さで左右各20回。

3 下腹まで

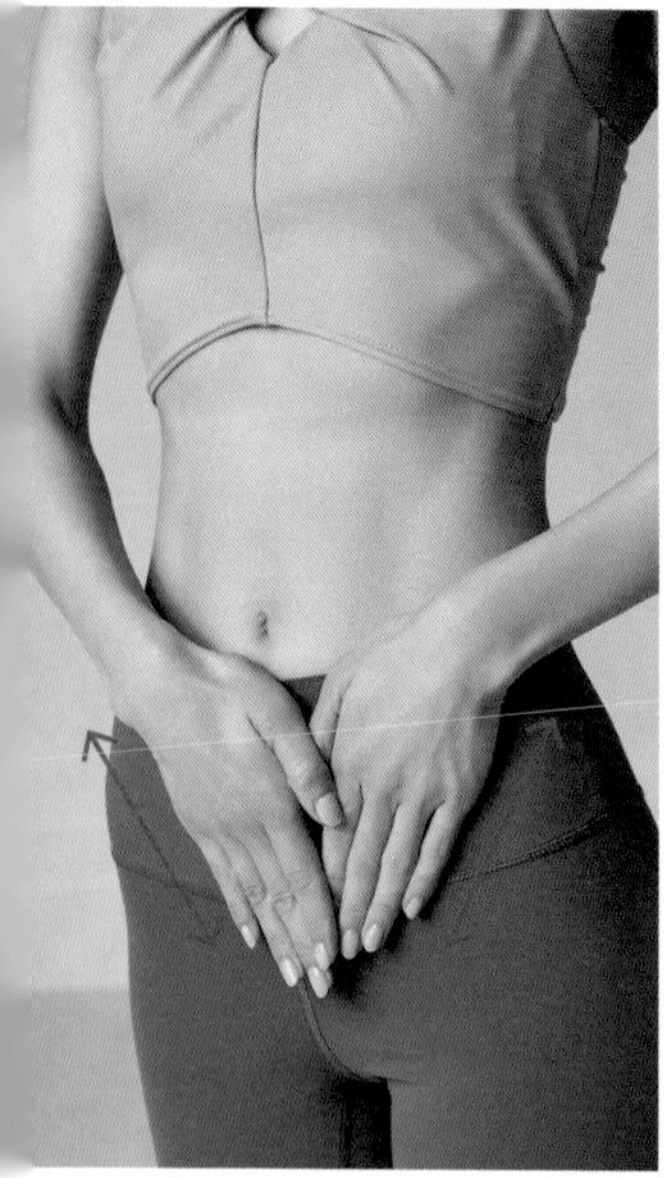

お肉のつきやすい腰〜下腹〜足の間を20回さする。体の温まる湯船の中や、お風呂上がりにさすると効果的。

くびれマッサージ 2

とにかく末端を温める!

体の中心から離れた手足の先は血液がめぐりにくく、冷えやすい場所。
末端が冷えていると全身のめぐりが悪くなり、冷えが慢性化。
ふだんから意識的にさわったり動かしたりして温めましょう。

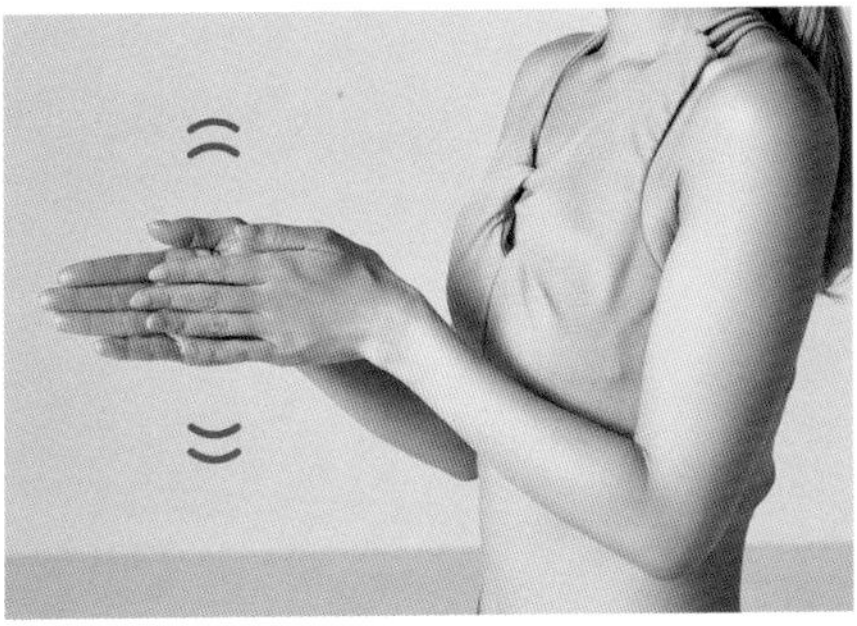

手をこすり合わせる

寒さを感じていなくても、さわってみると冷たくなっていることが多い手。手をこすり合わせ、エネルギーを発生させるイメージで温めて。

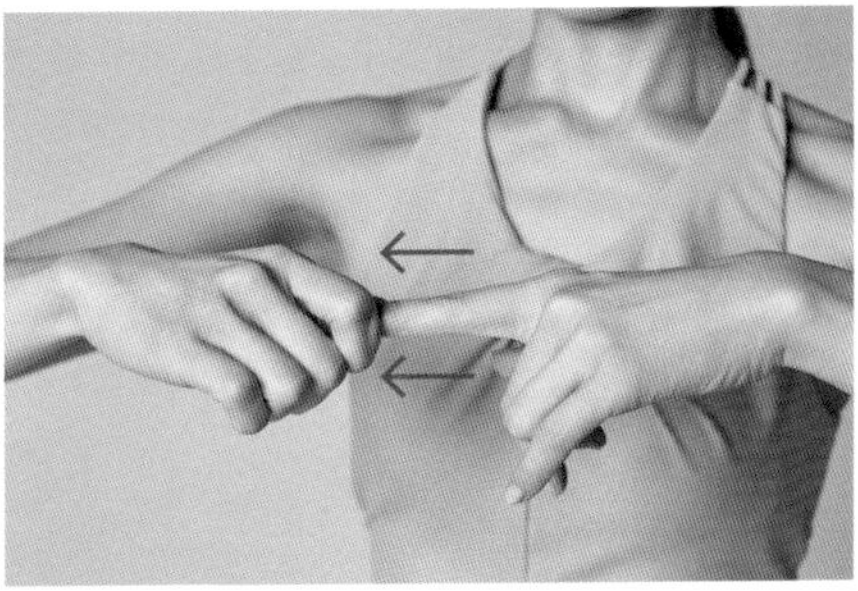

指先を引っぱる

指を逆の手で握り、ぐっと引っぱってストレッチ。デスクワークで疲れた指もほぐれ、手先の肌も美しく。

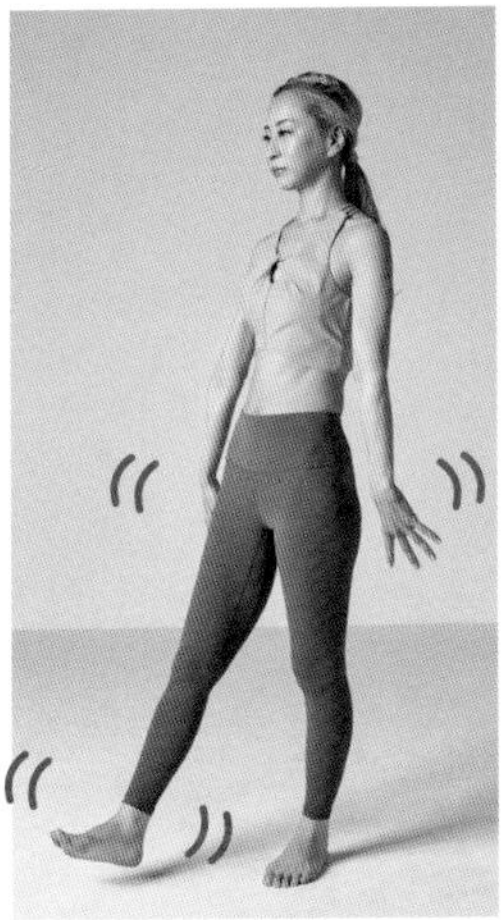

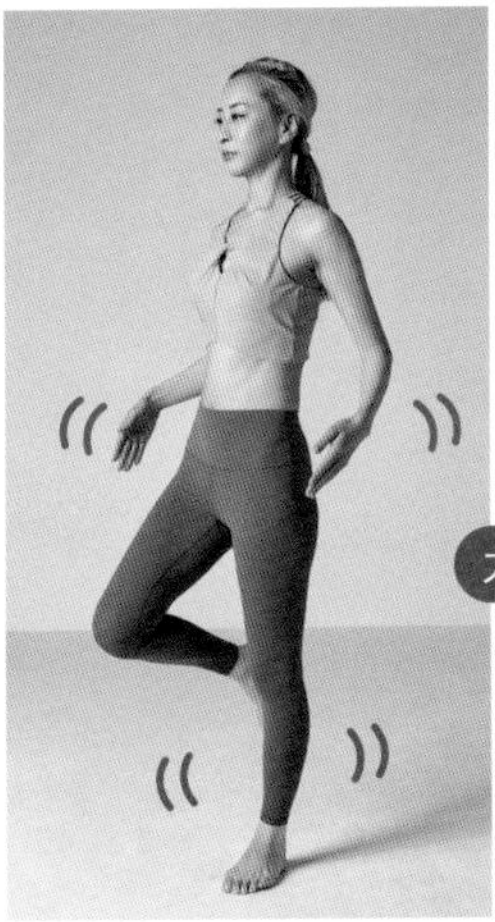

力を抜いて手足をぶらぶら

手や足を遠くに投げ飛ばすイメージでぶらぶら。関節の力を抜くのがコツ。末端まで血がめぐってポカポカ。むくみが気になるときにもおすすめです。

part 4

なにげない動作が美しいくびれをつくる

24時間くびれる習慣

少しの意識の変化で、日常生活の動きも
くびれをつくる習慣へと変えることができます。
私がふだんから実践している、
くびれグセをつけるルーティンをご紹介します。
ぜひ試してみてください。

「じっとしない」がルール！
同じ姿勢を続けないことが「くびれ」への近道

私は自宅にイスをおいていません。日々、ほとんど立って生活しています。同じ姿勢を続けていると、体の重心がずれたり、骨盤が傾いたりといった姿勢グセがつきやすく、ゆがみの原因となりやすいため、常に動けるようにしているのです。

立ったまま生活をするのはなかなか難しいですが、「じっとしない」ことは、体のゆがみを遠ざける大きなコツ。テレビを見る間なども常に左右に重心を移動させたり、部屋の中をちょこちょこ移動したりするようにしてみてください。姿勢グセがとれて体の動きがなめらかになり、「くびれ覚醒メソッド」や「くびれデザイン」もラクにできるようになるはずです。

くびれ習慣 1 立つ

くびれの大敵“ゆがみ”を遠ざける

常にゆらゆら、ふらふら

1カ所でじっとせず家の中をうろうろ

家でのくつろぎタイムも、部屋の中をちょこちょこ移動。スマホも手に持たず、スタンドにおいて立って見るようにすると、猫背になることなく美姿勢をキープ。デスクワークのときも、意識的に立つ時間をつくります。

NG ×

片側に体重をかけたまま立つ

骨盤や背骨のゆがみに直結するので、片足重心で立つことは避けています。ちょこちょこ姿勢を変えたほうがずっとラク！

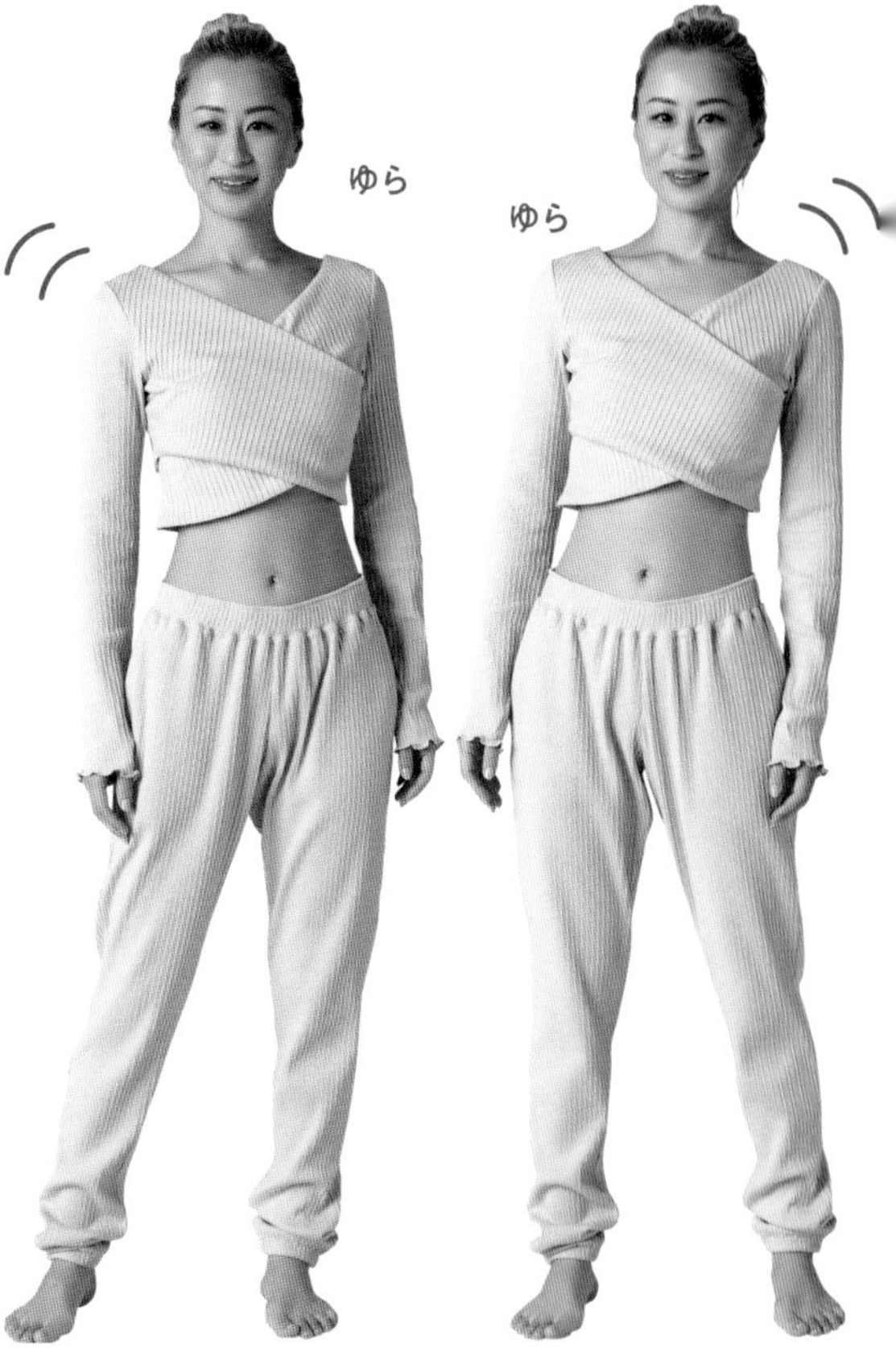

左右に重心を移動してゆらゆら

電車に乗っている間、信号待ちしている間、家事をしている間など、常に重心を左右に移動して、ゆがみが起こるのをシャットアウト。ほんの少しの重心移動だけでも効果的なので、外出中でもやっています。

くびれ習慣 2 座る

足をクロスして
肋骨を引き上げる

私はイスに座るとき、絶対に足を組むことはありません。骨盤のゆがみや姿勢のくずれ、そしてずん胴の原因になるからです。足をまっすぐ伸ばし、かかとで床を押し、太ももの後ろに力を入れると自然と骨盤が立ちます。さらに片方の足首にもう一方の足首をのせることで、骨盤をまっすぐ立てた状態でロックできます。すると自然と肋骨が引き上がり、おなかが引き締まります。クロスした足の上下はときどき入れ替えましょう。

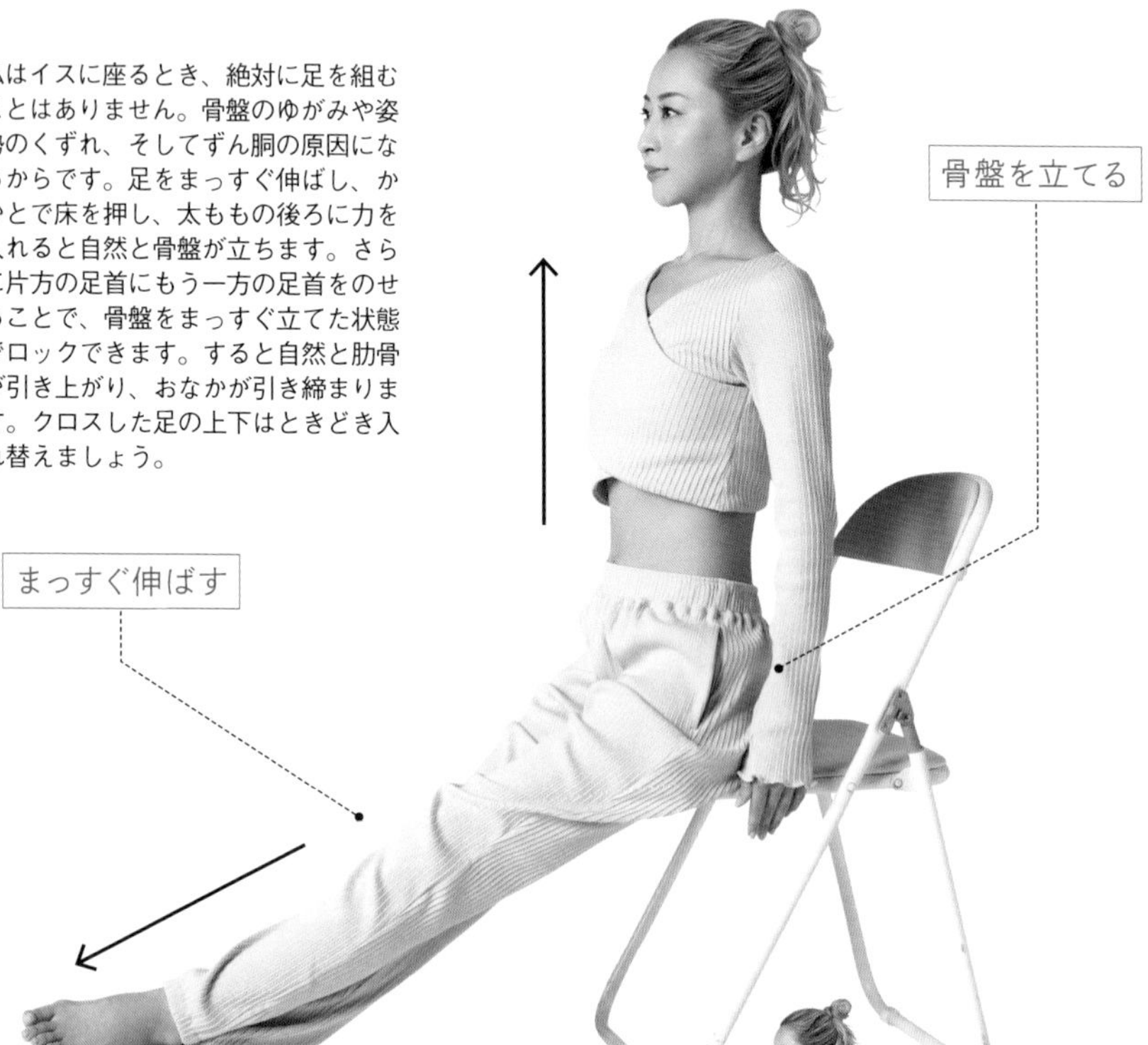

足を組み
骨盤が倒れた状態

足をこまめに組み替えるならまだよいのですが、どうしても上下の足が固定されがち。ゆがみを悪化させないためにも、極力足は組まないのがベター。

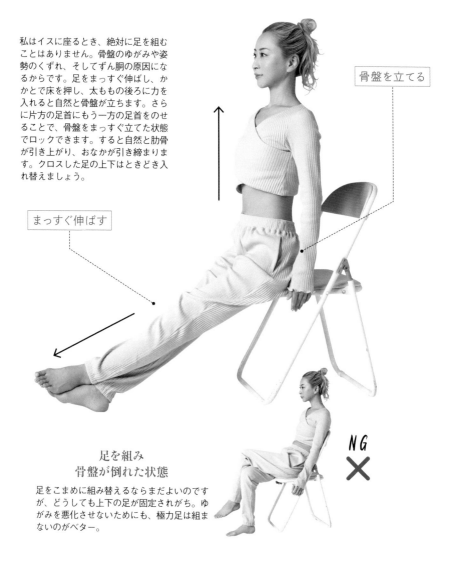

くびれ習慣 ③ 歩く

背骨から歩き「くびれ筋」で肋骨を閉める

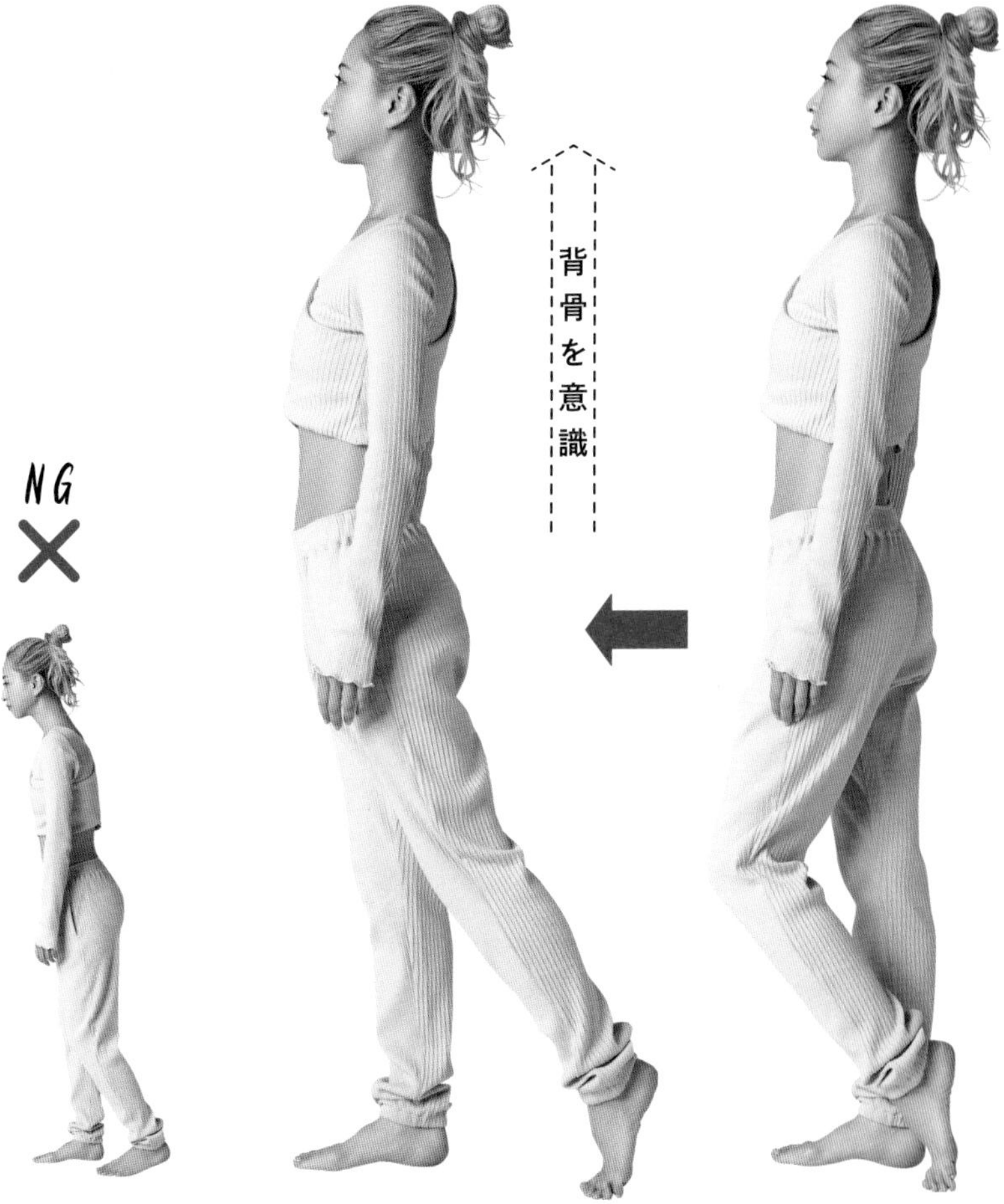

前のめりぎみに足だけで歩く

背骨が丸くなった状態だと、骨盤を安定させることができないため、足をついたときに筋肉が強い部分やかたい部分に体が引っぱられ、全身のゆがみの原因に。

歩くとき、重心がのる側の肋骨に体の重さがかかります。腹圧を正しい方向にかけ（p.42）、背骨をまっすぐ保って背骨から足を出すイメージで歩きましょう。歩行による重心移動を腹斜筋の刺激に利用できるため、歩くたびに肋骨が閉まります。

掃除機

ダイエット中にすることといえば、お掃除！　掃除が大好きで掃除機とコロコロは常にそばにおいています。掃除タイムはくびれづくりに有効。変に力の抜けた姿勢をとらないことがポイント。おなかを引き締め、背中を伸ばし、骨盤を水平に立てて行えば、「くびれ筋」こと腹斜筋をしっかり使えます。掃除機はなるべく立った姿勢で使いましょう。そして骨盤を掃除機の進行方向に向けるのが、「くびれ筋」を刺激し、骨盤のゆがみを回避するコツ。左右交互に持ち手をかえるのもおすすめです。

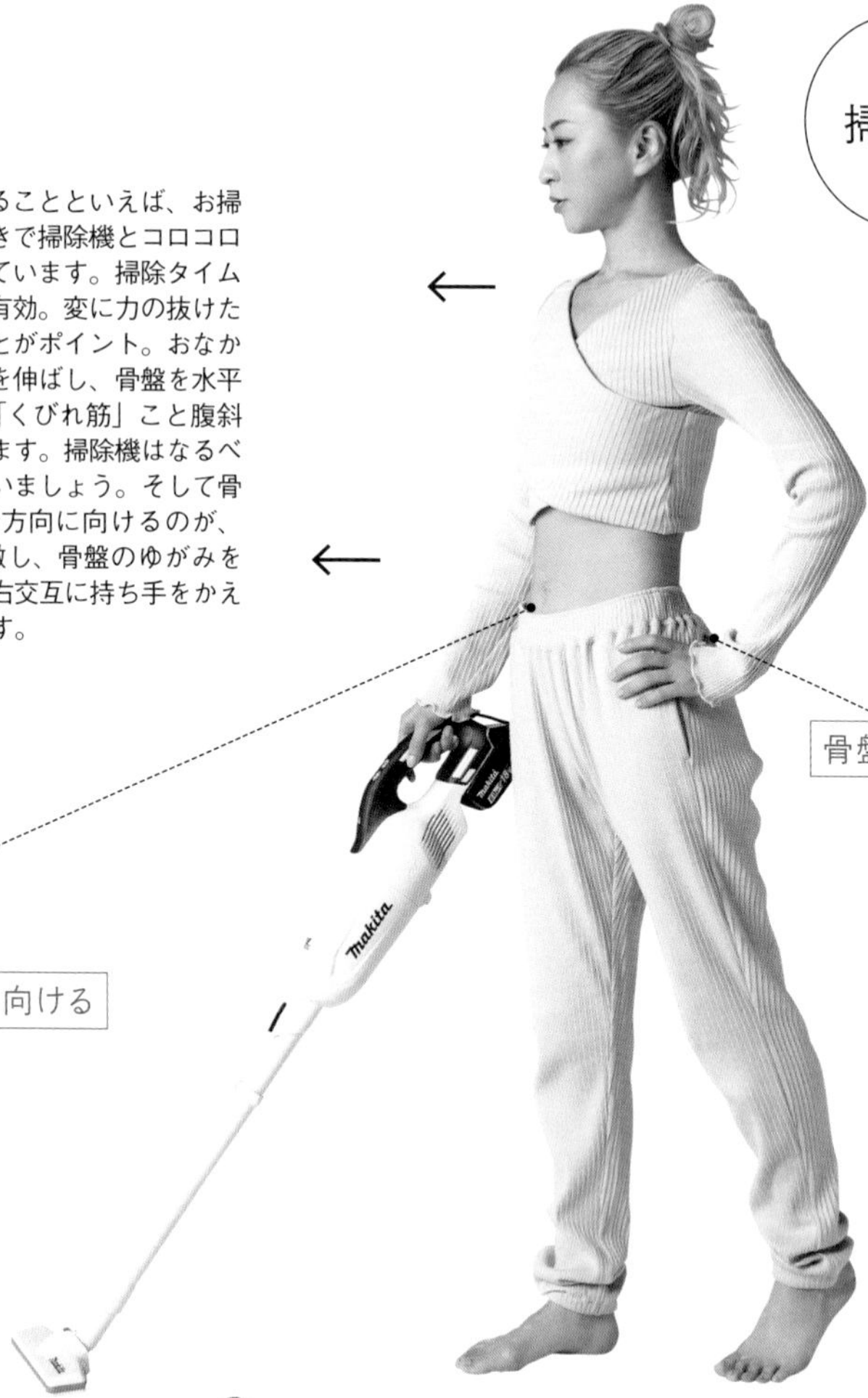

NG ×

体が丸くなり 腰が曲がっている

前かがみの姿勢で、手を伸ばして掃除をしようとすると、骨盤がゆがむだけでなく、肋骨が開いて下がり、腰への負担も大きいので避けて。

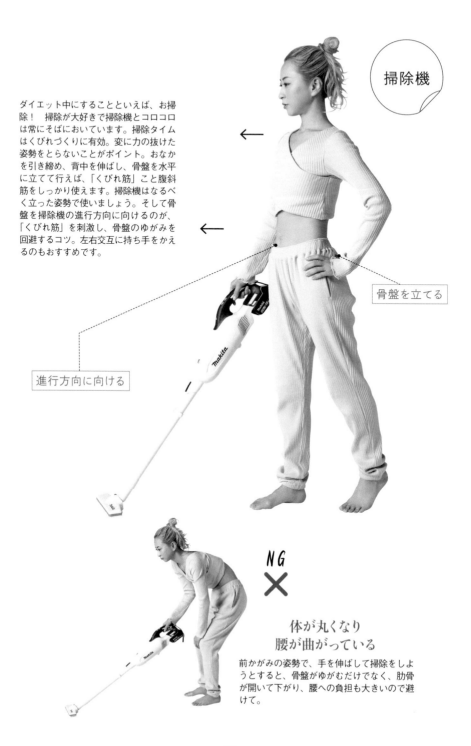

くびれ習慣 4 掃除

骨盤を進行方向へ向ければ
腹筋も強化できる！

コロコロ

しゃがんだ姿勢になるので、つい背中が丸くなりがちですが、骨盤を立てて手を伸ばす方向に向け、上半身を伸ばしながらコロコロをかければ腹筋群の強化にも。ひじを曲げず、腕をまっすぐ伸ばすことで二の腕も引き締まります。コロコロ以外でもしゃがみ姿勢で作業する際は同様に。腰痛防止にもなります。

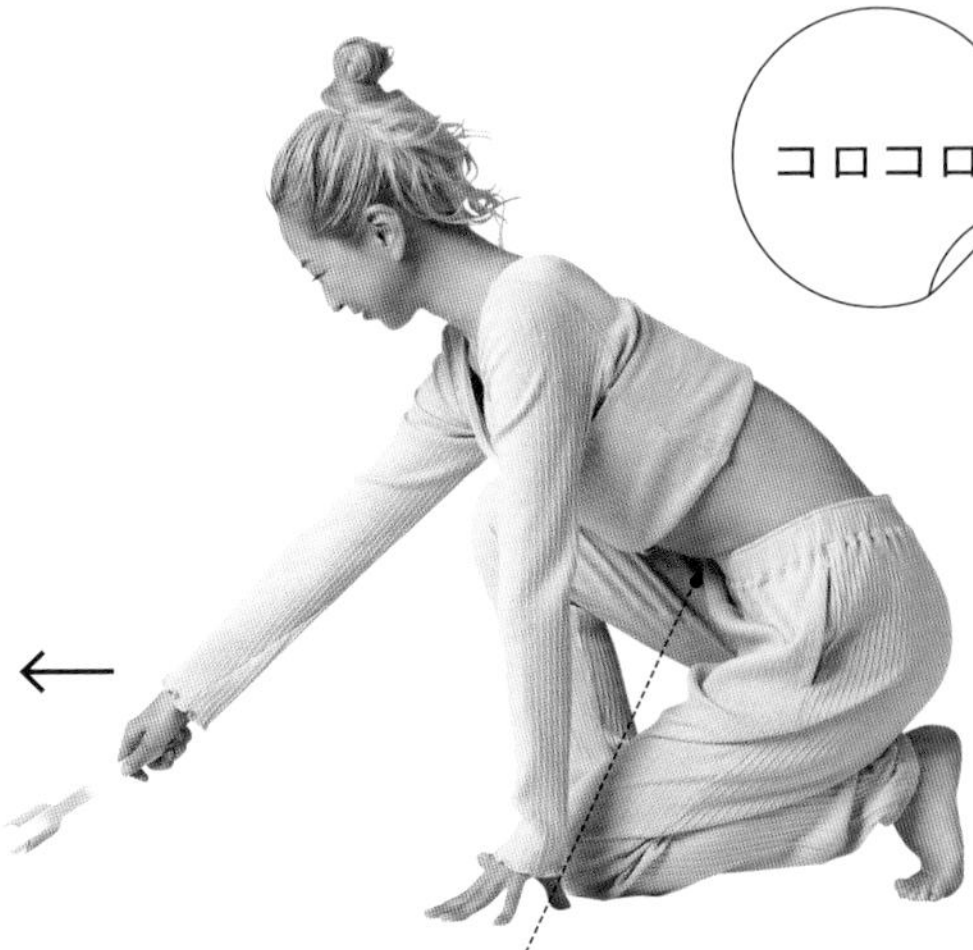

手を伸ばす方向に
骨盤を向ける

NG ×

手だけ伸ばして コロコロする

めんどくさいからと座ったまま腕を伸ばしてコロコロするのはNG。毎日繰り返すと、意外と全身のゆがみの原因に。

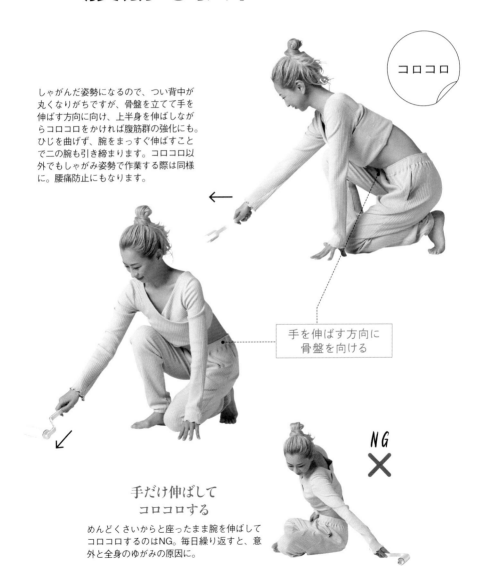

くびれ習慣 5 お風呂

姿勢を変えながら
筋肉をゆるめてケア

肋骨の間隔をマッサージで広げる

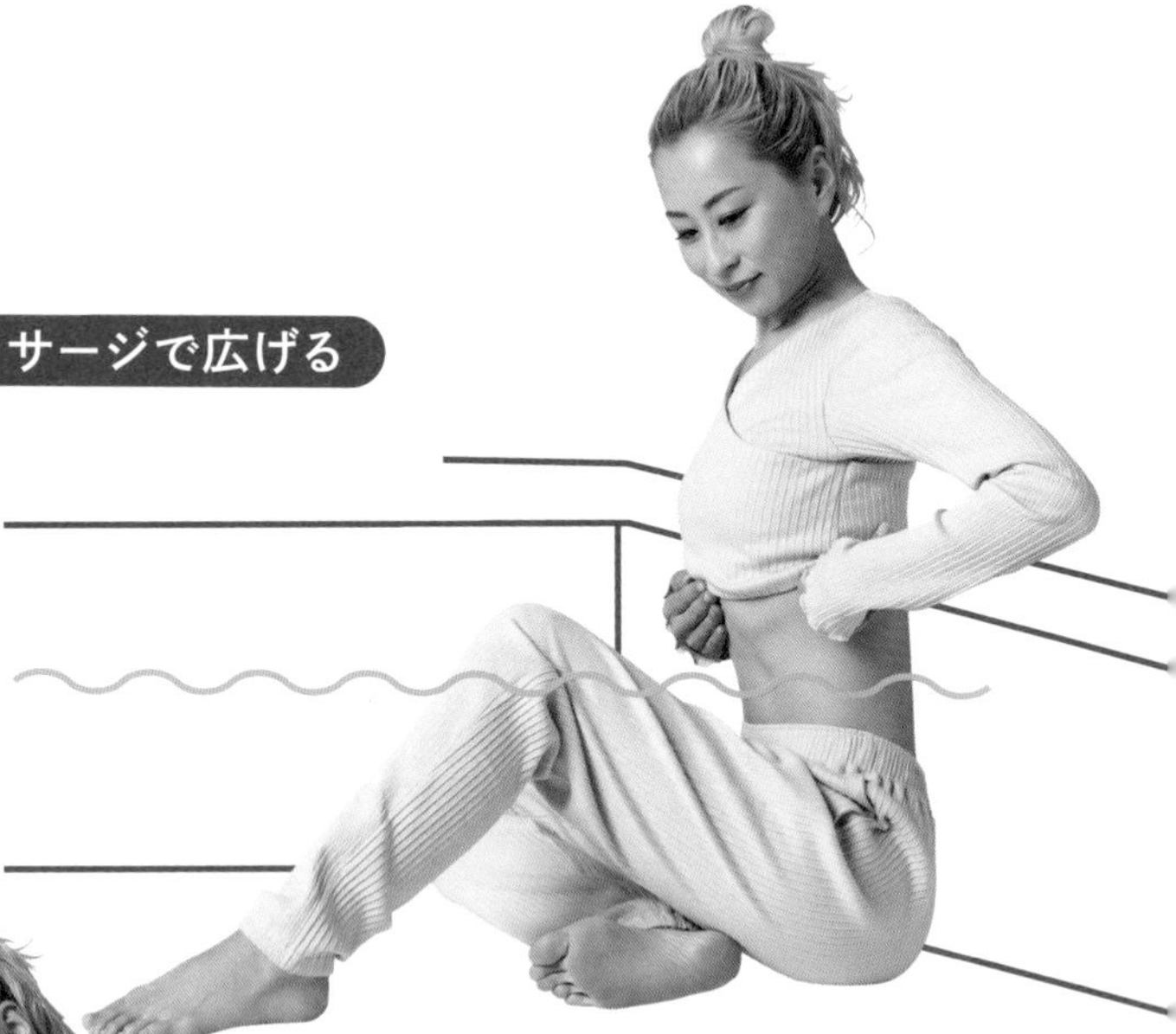

湯船につかっている間やお風呂から上がったあと、まぐろの中落ちをスプーンでかき取るように肋骨と肋骨の間をほぐして広げます。

グーにした手の第2関節を使って、背中のほうからおなかに向かって、肋骨と肋骨の間をほぐします。呼吸がしやすくなり、肋骨も閉まるように。

セルライトが気になる部分をつまむ

動かしていない場所、冷えている場所にすかさず出現するセルライト。私は「すき間産業」と呼んでいます（笑）。虫歯と同じでケアをしないと絶対になくならないもの。体が温まっているお風呂で手で軽くつぶすようにもみほぐし、股関節に向かって流します。

お風呂のふちに片足をかけて入浴

お風呂で体育座りを続けると、腰もおなかも丸くなり、くびれづくりをはばむ要素に。片足を曲げて、もう一方をバスタブのふちにのせると骨盤が安定し、足のむくみもとれます。上げる足はときどき入れ替えて。

深い呼吸をしながら体を常に動かす

体が温まる入浴中は、肋骨やおなかまわりの筋肉を伸ばす絶好の機会。深い呼吸とともに上半身をねじったり、首を傾けて腰と引っぱり合うようにストレッチし、おなかをじんわりしっかり伸ばしたりします。お風呂の中でも「じっとしない」がくびれづくりのコツ。

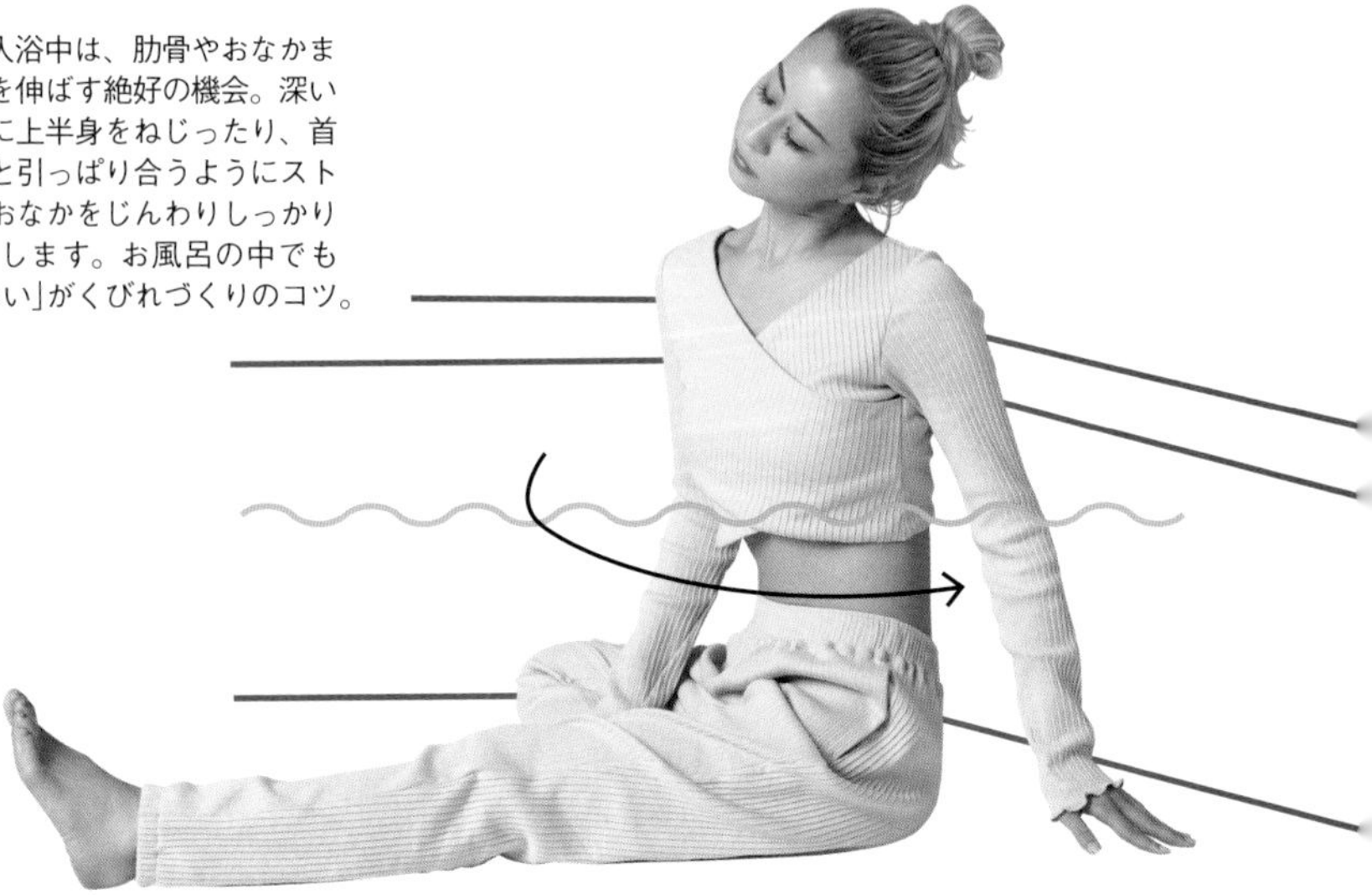

美くびれをサポートする入浴剤リスト

乾燥、保湿→酒風呂

アミノ酸が豊富に含まれる日本酒には保湿効果があり、体全体がしっとり。入浴剤は福光屋の「すっぴん酒風呂」を愛用。
すっぴん 酒風呂 1800ml 2,750円／福光屋（問）0120－293－285

むくみ、冷え→ソルト、発汗系

長風呂が得意ではないので、むくみがひどい梅雨時期や、夏場にエアコンで冷えたときには短時間でも体を温められるものを。
ジョルダニアン デッドシー ソルト 500g 4,620円／BARAKA（問）baraka-style.com

リラックス、生理前→オイル系

撮影前で気が張っているとき、生理前でイライラしがちなときは、香りのいいオイル系で自律神経をコントロール。
ポール・シェリー　シルエット クラリファイング バスオイル 150ml 7,700円／ピー・エス・インターナショナル（問）03－5484－3481

質のよい睡眠のため あえてシャワーだけの日も

もともと長風呂が苦手で入浴時間は短め。また、お風呂につかると体温が下がりにくく、直後にベッドに入ると睡眠の質を下げるため、時間がないときは、あえてシャワーだけで済ますことも。

撮影前など、ウエストをもっと絞らなきゃ！というときは、ヨモギ蒸しに行きます。粘膜から直接漢方のエキスを吸収できるので、短時間でたっぷり発汗、体のめぐりもすぐによくなります。ヨモギ蒸しの最中もおなかや腕をマッサージして「じっとしない」ように工夫。

くびれ習慣 6 就寝

ストレッチで体のゆがみを整え
寝ながら美くびれ

股関節を開き、全身をゆるめる

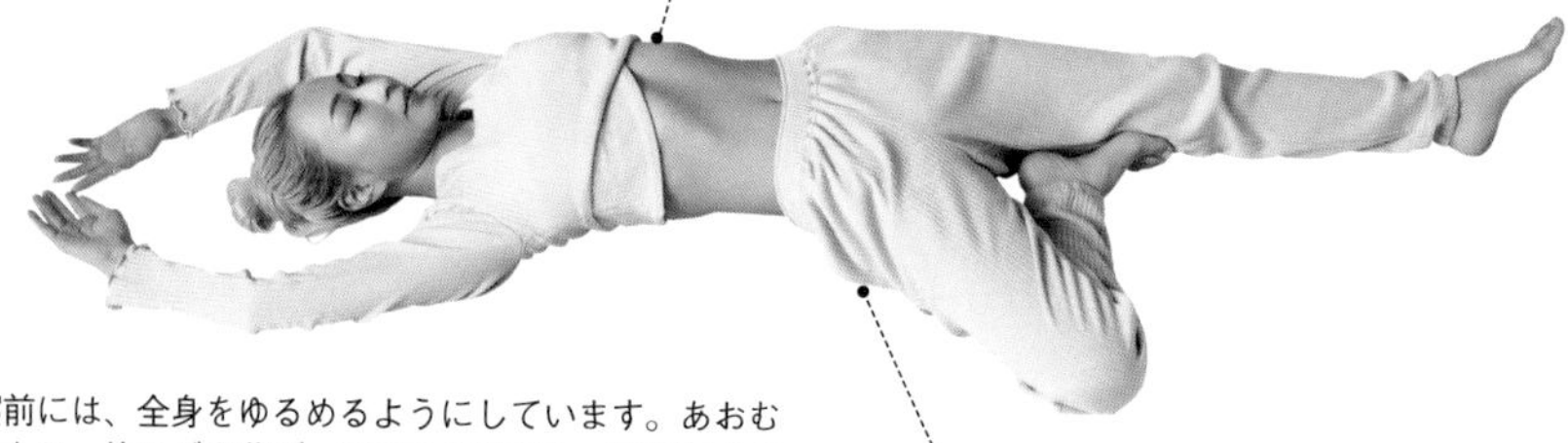

就寝前には、全身をゆるめるようにしています。あおむけになり、片ひざを曲げ、逆の足を伸ばし、股関節をストレッチ。一日の滞りをスムーズに。さらに腕を上げることで肋骨が上がり、日中に重力で下がった内臓の位置をリセット。呼吸がラクになり、入眠しやすく、睡眠の質も上がります。

クッションで背中を起こし、むくみを予防

疲れがたまっているときや生理前は、頭を高くして寝ます。毛布でも枕でもいいので、リクライニングベッドのイメージで背中のほうまで高さを出すと、腰に負担がかからず、気道が開いて呼吸も深くなります。翌朝はすっきり。

リクライニングベッドの
イメージ

日中縮んだ腹筋群を伸ばしてリセット

1

縮んでかたくなったおなかを伸ばして体も気持ちもデトックス。頭の下に腕をおいてうつぶせに。顔は左に向け、頭はリラックス。

2

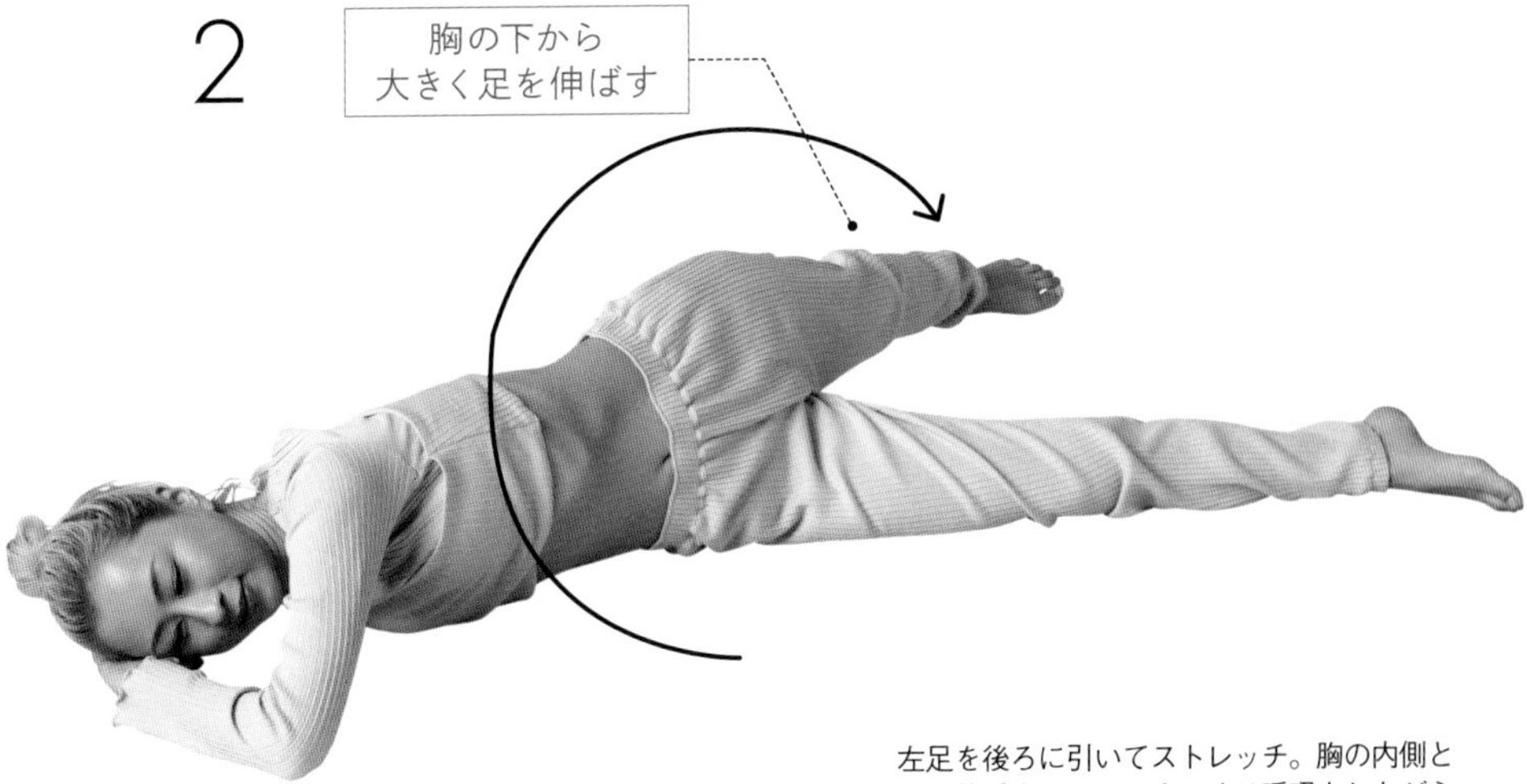

左足を後ろに引いてストレッチ。胸の内側と脇に体重をかけて、ゆっくり呼吸をしながらおなかと脇、股関節を気持ちよく伸ばす。反対側も同様に。

くびれ習慣 7 起床

ベッドの上で15分はゴロゴロ
くびれ筋を目覚めさせる

ベッドの上でゴロゴロ

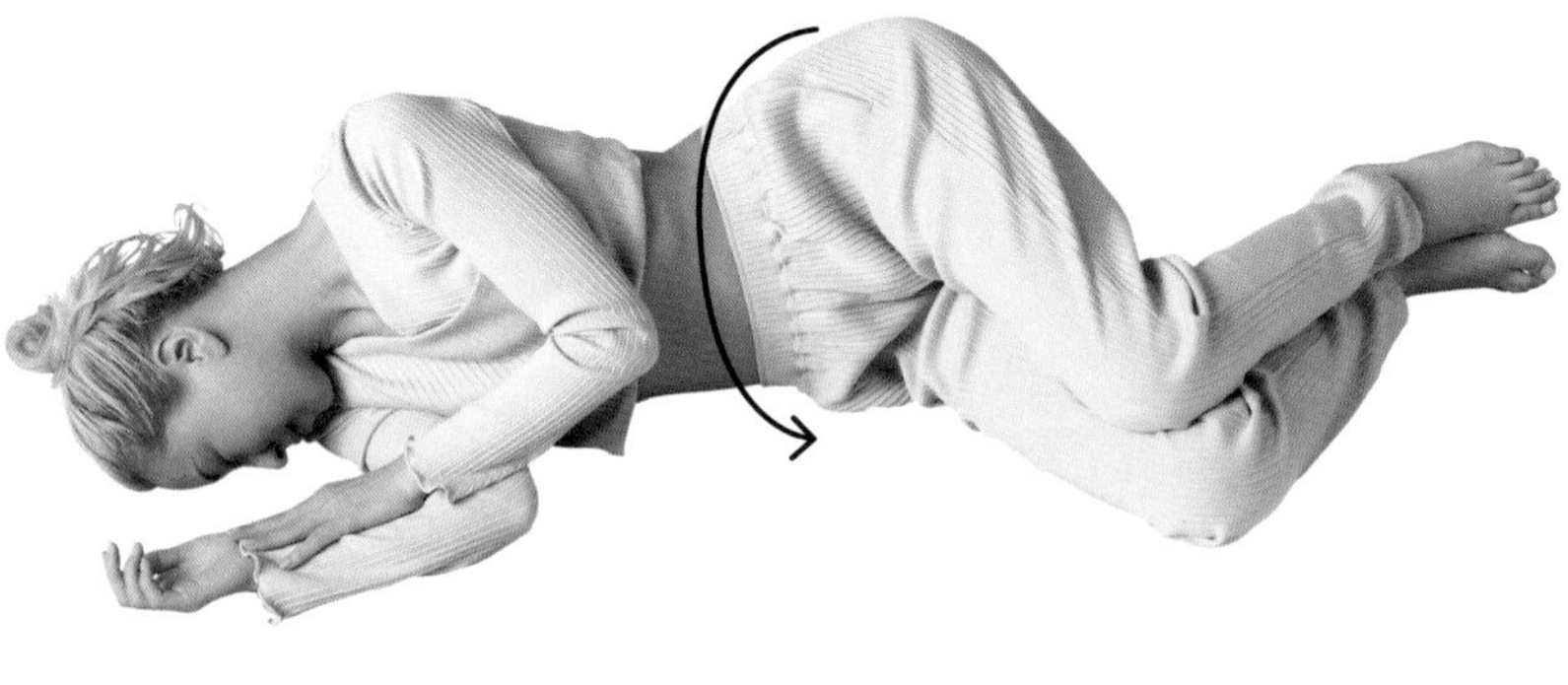

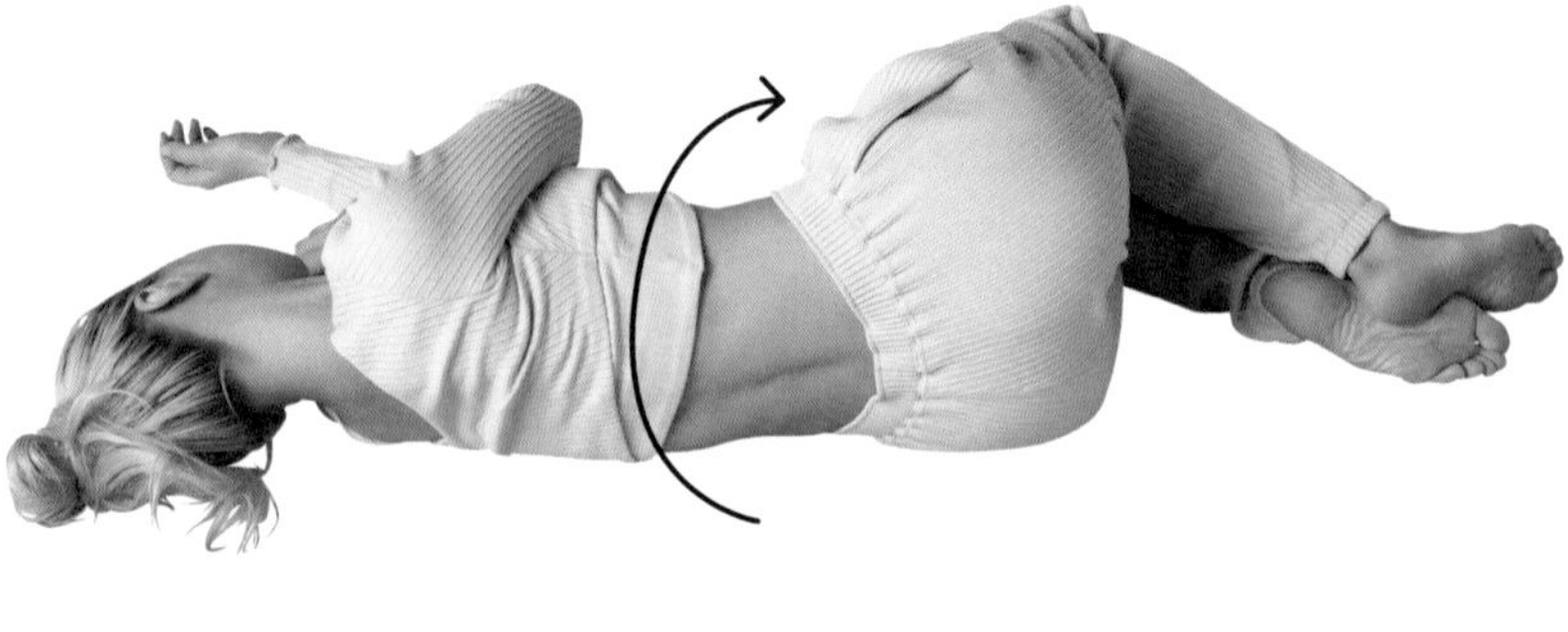

ヨガはもちろん、どんなスポーツでもウォーミングアップがあって、体を最高潮へ持っていきます。くびれ筋を効率よく一日働かせるためにも、朝は余裕をもって起きるようにしています。朝は目が覚めたら、15分くらいはベッドの上でゴロゴロ転がったりしてゆったりと体を動かし、徐々に体を起こしていきます。

足を回してそのままストレッチ

2

回した足をそのまま左に倒して、おなか、腰、脇、背中を気持ちよく伸ばします。左足も同様に。

1

両腕を広げて、右ひざを胸に引き寄せ、股関節からゆっくり左右に回します。眠っている間に凝り固まった体をなめらかに。

手足をぶらぶらグーパー

起床時は、ベッドの上で手足を動かし全身のめぐりをよくします。ベッドから出たら、お湯を沸かして白湯を1杯飲み、体を温めてから活動を開始します。胃を温めると胃のあたりのぽっこりしたむくみも解消しますよ。

内臓を休ませる「ファスティング」で一気にくびれる！

くびれづくりには体の中からのアプローチも重要。お通じをよくするため、食物繊維は毎日欠かしません。水溶性と不溶性の食物繊維を必ずとるのがマイルール。腸内環境を整え、デトックス効果もある水溶性食物繊維を多く含む海藻やこんにゃく、便通を整えてくれる不溶性食物繊維の豊富な大豆やきのこ類などを、一日の中で一度は必ずとるようにしています。玄米は食物繊維は豊富なものの、消化に体力を使うので、便秘が気になる人も白米を。さらに、腸内の善玉菌を増やしてくれる納豆やキムチなどの発酵食品もとって、おなかをぺたんこに。おなかが張っているときは大根を煮たり、白菜を入れたお鍋を作ったり、漢方の世界で「流す」力を持つとされる「白い食べ物」を積極的にとります。

カーヴィなくびれに適度な脂肪は必要ですが、脂質をとりすぎると横腹にお肉がつきやすく、くびれにくくなります。筋肉のもととなるたんぱく質は、

くびれ習慣 8 食事

魚と食物繊維で おなかの厚みを減らす！

肉より脂質の少ない魚で摂取するのがおすすめです。

内臓はしっかり休ませてあげないとスムーズに機能してくれません。食べすぎが続いて内臓が疲れたなと感じるとき、体が重くなったときは、3〜4日間、酵素ドリンクでファスティングをするようにしています。おなかまわりが軽くなり、胃のハリもとれますよ。ヨガやエクササイズも同時に行うと、一気にくびれを実感。

能登の伝統的な発酵食品由来の乳酸菌が入ったドリンク。毎日欠かさず飲みます。お米の発酵飲料 ANP71 150g 324円／福光屋（問）0120－293－285

筋肉に欠かせないたんぱく質は、できるだけ脂質が少ない魚から。体が温まり、栄養も野菜も一緒にたっぷりとれる鍋や煮込み料理が定番。

113種類の国産植物を贅沢に使用した酵素ドリンク。ハーブザイム® 113 グランプロ シリーズ 各10,800円／エステプロ・ラボ（問）https://www.esthepro-labo.com/products/granpro/hzgp.html

part 5

一生愛せる体をつくる

aya流 くびれマインド

くびれづくりに終わりはありません。
年齢とともに体形は変わっていくもの。
でも、「くびれるマインド」を持てば、加齢は怖くなくなります。
くびれ続けるために心がけている、私のルールをご紹介します。
いくつになっても、自分の体を愛せる自分でいたいですね。

大人のくびれづくりはゆっくり気長に。

理想を心に描き、楽しみながら継続を

少し前までは3サイズを気にしていましたが、40代になった今は、ボディメイクにおいては、サイズよりも見た目を重視しています。どうしてもやせにくくなるうえ、お肉のつき方も肌の質感も若いときとは違ってきますから、サイズや体重にばかりこだわっていると、美しいボディラインはキープできないのです。とくに食事制限で急激にダイエットするのは厳禁！　脂肪は減らせても、同時に筋肉も減りがちで、皮膚の収縮が追いつかず、とくにおなかはたるみが目立ちます。

大人のくびれづくりは、とにかく気長に。コツはくびれをつくりたいという強い気持ちを持つこと。それには、どんな体形になりたいのか、くびれができたらどんな服を着て、どこへ行きたいのかなどを具体的にイメージすることです。単にやせたい、くびれをつくりたい、というだけで運動やダイエ

ットをするのは、何の料理を作るか考えずに調理をするようなもの。目指すところのイメージを持つことが、効率よくおいしい料理をつくる必須条件なのです。

　そして、くびれづくりに終わりはありません。大人でも体は鍛えれば鍛えただけ応えてくれますが、怠ければあっという間に元に戻ります。一度引き締めたら終わり、ではなく、ルーティン化してキープし続ける意識も重要です。終わりなき苦しみ、と感じるでしょうか？　理想の体形や、したいことを心に描けていれば、終わりなき楽しみと言い換えることができるはず。

　また、おなかまわりはもともと脂肪がつきやすく、体形の変動が激しい場所ということも心にとめておいてください。女性のおなかは赤ちゃんをはぐくむ場所。脂肪は赤ちゃんを守るためにつくのです。生理中はとくにむくみやすく、思いどおりのボディラインにならないことも。また、更年期は代謝が低下して筋肉量も減るため、おなかがぽっこり目立ってきます。それも女性に生まれたがゆえ。その事実を喜びつつ、サイズに縛られず、ストイックになりすぎず、くびれづくりを続けましょう。

自分を「歩く美術品」だと思ってお風呂前にボディチェック

おなかを引き締め、くびれをつくるためにまず必要なのは、現状の体形の認識です。私は自宅の至るところに鏡をおいて、常にボディラインを確認するようにしています。脱衣所には全身が映せる大きな鏡をおき、お風呂の前には毎日裸になって全身をくまなくチェック。とくに変化しやすいおなかまわりは、正面、横、後ろから、お肉のつき具合はどうかな？　縦の線がきれいに出ている？　くびれのラインは大丈夫？　と、見るだけでなく手でさわって状態を把握します。

チェックのコツは、自分を「歩く美術品」だと思うこと。自分自身が〝見たい〟と思えるボディラインをイメージできれば意欲がわいてくるはず。

ただ、誰でも生理中はどうしてもおなかまわりが丸くなり、すっきりしないもの。そういう時期だと割り切ってその間はチェックをお休みしています。

見てさわって全方位

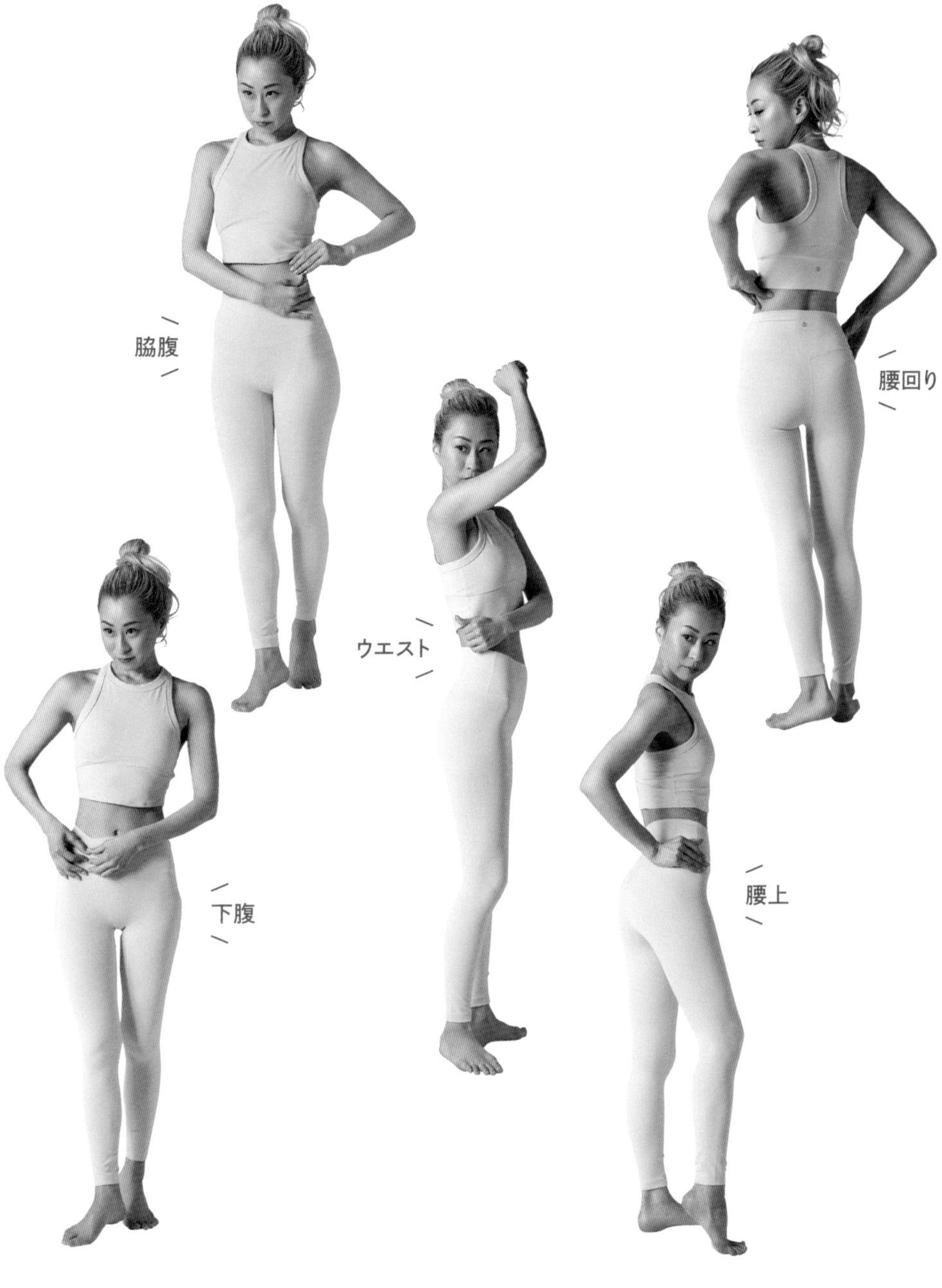

筋肉がコルセット！
下着の締めつけはくびれの敵

くびれを出そうと、コルセット、ガードルなどでぎゅうぎゅうに締めつけていませんか？

ドレスを着る日など、特別なおしゃれをする日にだけ短時間使うのならよいのですが、日常的にきつい下着などをつけていると、血行が悪くなって体を冷やし、代謝を下げる結果に。また、ウエストを細く、胸を大きく見せようとアンダーが小さめのブラジャーをしていると、脇や背中のお肉がはみ出て段々が定着。肩甲骨が圧迫されて血行も悪くなります。

代謝を上げ、お金もかからず、一生ボディラインをキープしてくれる最強のコルセット……それは筋肉！　くびれはもちろん、美しいボディラインを維持するには、どうしても筋肉が欠かせないのです。それを認識し、「くびれ覚醒メソッド」をルーティンにできれば、加齢も怖くありません。

私はふだんブラをつけていませんが、胸の位置は下がっていません。これはヨガで培った筋肉コルセットのおかげ。いつもブラのかわりにカップつきのヨガウエア、締めつけのないゆるっとしたトップスが定番ですが、もしかしたら代謝を下げないポイントになっているのかもしれません。

ヨガウエアのトップスをブラがわりに。動きやすく意外とホールド力があるのでおすすめ。（左）Style Boat Market（右）emmi

自宅ではいつでも動けるようにヨガウエアが基本。体が引き締まっていれば、ゆるっとしたウエアもボディラインを隠すためとは思われないもの。（右）VネックTシャツ 11,800円、（左）チュニック 12,800円／ともにeasyoga japan

部屋着としても使える締めつけのないノンワイヤーブラ。温めケアには腹巻きも愛用中。（左）スフレワッフルブラレット 6,930円、（右）ワッフルハラマキショーツ 4,620円／ともにトータス（問）https://waffle-haramaki.com/

「くびれ筋」を育てたいなら足元はスニーカーが基本

くびれづくりのために日常で意識しているのは、歩くこと。歩くのは大好き。といっても、長時間のウォーキングをするのではなく、一駅歩いたり、犬の散歩を30分したり、あるいは家の中で歩き回ったりと、生活の中でちょこちょこ歩くだけ。正しい姿勢(97ページ)で歩けば、それだけでも「くびれ筋」が刺激され、くびれキープの一助となるのです。

いつでも歩けるよう、外出するときの足元はスニーカーが基本。ヒールはお出かけのときだけ。しかも出先でスニーカーから履き替えるようにしています。ヒールは前重心になりがちで、下腹がぽっこり出たりと体形のくずれにもつながります。もちろんふだんからヒールを履いたときに正しい姿勢が保てるような筋肉をつくれている人なら問題ありませんが、これからくびれづくり、ボディメイクを始めたい人は、スニーカー生活がおすすめです。

運動などを生活の中にちょこちょこ取り入れる、というのは大人のボディメイクには重要なマインド。挫折しにくく、中断しても再開しやすいうえ、積み重ねれば大きな効果が出るからです。まずはかわいいスニーカーを買って、散歩に出てみては。

正しい姿勢をキープして歩けるスニーカーが足元の定番。歩くことは代謝を上げるだけでなく、リフレッシュするためにも大切な日課。

せっかくおしゃれをしても姿勢が悪いと魅力が半減。ヒールを履いたときにも反り腰にならないよう、正しい姿勢をキープします。

家でははだしが基本。自宅には椅子もテーブルもなく、ほとんどの時間立って生活をしています。暇さえあれば部屋の掃除などをしたり、愛犬たちと一緒にエクササイズも。

「くびれ」がブレない自信をくれる。
年齢を重ねてもポジティブに

くびれづくりは、スタイルアップできるだけでなく、体と心にさまざまなポジティブな影響を与えます。肋骨のポジションが整うと、肩甲骨や骨盤の位置も正しくなり、姿勢がすっと伸び、肩こりや腰痛がラクに。呼吸が深くなって血流がアップし、顔色や肌のコンディションが改善、睡眠の質も上がってストレスが軽減します。おなかに落ち込んでいた内臓も引き上がるので、冷えも改善し、免疫機能もアップします。

なにより、心がいちばん変わります。おしゃれが楽しくなり、堂々とふるまえるようになって、行動もアクティブに。笑顔が増え、自分に自信を持てるようになるはずです。

ご自身のために、「くびれ覚醒メソッド」を日々のルーティンに取り入れてみてください。楽しく、そして美しく、人生を楽しみましょう。

part 5

あとがき

実は20代のころ、私は今より20kg以上太っていました。アメリカへ留学して食生活がガラッと変わったことで、3カ月でみるみる体重が増加。なんと20kgも太ってしまったのです。ぽっちゃり体形だった当時は、「きれいになりたい」と口に出すのも恥ずかしかった記憶があります。それがヨガと出会って、少しずつ体に変化が現れるにつれて、「理想の体に近づきたい！」と思えるようになりました。

この本を手にとってくださったかたは、同世代や先輩世代の女性が多いのではないかと思います。「この年齢まで、何年もやせられずにいて、今からきれいになりたいなんて」と、やせたい、きれいになりたいという気持ちそのものを、自ら否定しているかたもいらっしゃるかもしれません。

でも、きれいになるのに遅すぎるということは、ないのです。

何歳からでも、体は変わります。

「引き締まったくびれが欲しい」「きれいになりたい」など、何かを変えたいと思っている人は、人生が豊かになるチャンスを持っている人、といえます。

未来は「いま」の積み重ね。どんな未来をつくるかは、すべて自分しだい。始めるのが遅くても、やらないよりは絶対にいい。やった分だけ、必ず結果はついてきます。今日から1回でも「くびれ覚醒メソッド」を続けて、人生が変わるチャンスを楽しんでほしいと思っています。

人生１００年といわれる時代。美しくいることは健康につながります。

心と体は連動していて、心に元気がない、気持ちが落ち込んでしまうというとき、身体が元気であればそれを補うことができます。同じように、身体が元気ではないというときも、心が元気であれば身体の健康も取り戻すことができるのです。私は、きれいのためだけではなく健康を維持するためにもぜひ「くびれ覚醒メソッド」を毎日のルーティンに！と願っています。加齢をストップさせることはできませんが、衰えるスピードをゆるやかにすることで、いつまでも元気に若々しく、健康でいられます。年をとることも怖くなくなるはず。

何歳になっても、共に、美しく生きましょう。

aya

SHOP LIST

ベージュバイカラートップス 9,790円、ベージュバイカラーレギンス 13,200円／ともにStyle Boat Market

黒トップス 4,490円、黒レギンス 4,990円／ともにYES（KIT STORE）

ラベンダートップス 9,350円／Style Boat Market　ブルーレギンス 4,990円／YES（KIT STORE）

白トップス 4,490円、白レギンス 4,990円／ともにYES（KIT STORE）

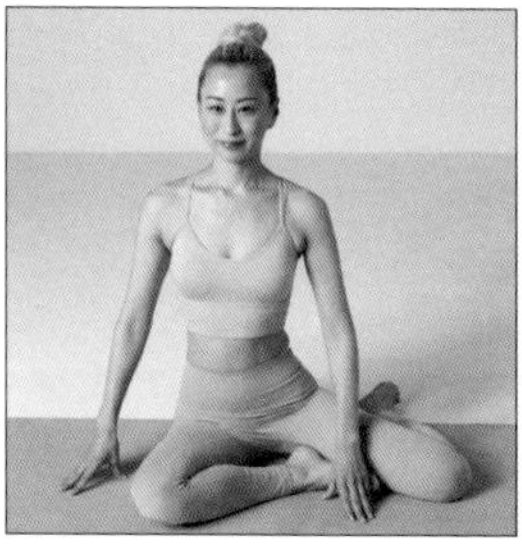

ピンクトップス 3,990円、ピンクレギンス 4,990円／ともにYES（KIT STORE）

イエロートップス 13,500円、イエローレギンス 17,300円／ともにeasyoga（easyoga japan）

✓ easyoga japan　☎03-3461-6355
✓ emmi NEWoMan新宿店　☎03-6380-1018
✓ KIT STORE　https://kitstore.jp
✓ Lina la mer.　https://linalamer.jp/
✓ Style Boat Market　☎03-6438-1877

価格は税込みです

マスタードトップス 12,100円／Lina la mer.　バイオレットレギンス 4,990円／YES（KIT STORE）

ブラカップ付きシースルートップス 13,200円／emmi（emmi NEWoMan新宿店）　白レギンス 4,990円／YES（KIT STORE）

ベージュカシュクールトップス 9,790円、ベージュスエットパンツ 10,780円／ともにStyle Boat Market

オレンジトップス 9,460円、オレンジレギンス 11,000円／ともにemmi（emmi NEWoMan新宿店）

ライトグリーントップス 4,490円、ライトグリーンレギンス 4,990円／ともにYES（KIT STORE）

白花柄トップス 11,000円、白花柄レギンス 12,100円／ともにLina la mer.

ヨガ クリエイター
aya

ヨガスタジオ『Syaraaya』主宰。留学先のアメリカで交通事故に見舞われ、リハビリのために始めたヨガにより、３カ月で体調を回復したばかりか、大幅な減量にも成功。当時の先生の「自分のパーフェクトな体を見たくない？」の言葉に触発されてヨガにハマり、ハタヨガ、ハタヴィンヤサヨガ、アシュタンガヨガ、シヴァナンダヨガ等を学んだのち、指導者の道を志す。

クラシックバレエ、ボディワークアウト、呼吸法などを取り入れたオリジナルプログラムは、「ヨガ（ストレッチ）・筋トレ・有酸素運動」のすべての要素を兼ね備え、「必ず変われる」と口コミは広がり、月約200回のレッスンも予約がすぐに埋まる人気の教室に。ヨガをする楽しさを伝え、一人ひとりの個性を見抜いてパフォーマンス能力を確実に上げていく的確な指導は、ビギナーからプロアスリートまで幅広く評判を得、女優やモデルからの信頼も厚い。海外にも精力的に赴いて世界のヨガトレンドを吸収し続けるほか、美容マニアとしても知られ、自身のSNS等で美にまつわる情報を公開。著書に『一気にくびれる ayayoga 背中革命』『１日１ポーズで体と心を整える　自己肯定ヨガ』（ともに主婦の友社）ほか。

staff

ブックデザイン／西岡大輔・田中清賀・陳 湘婷・丹羽なぎさ（ma-h gra）
撮影／曽根将樹・古謝知幸（PEACE MONKEY）
スタイリング／稲葉有理奈（KIND）
ヘア＆メイク／山下智子
イラスト／スズキハナヨ
構成・文／村上 歩
DTP／松田修尚・天満咲江（主婦の友社）
編集担当／野崎さゆり（主婦の友社）

ラクして-10㎝おなかやせ！
くびれ革命《かくめい》

2023年7月31日　第1刷発行

著　者　aya《あや》
発行者　平野健一
発行所　株式会社 主婦の友社
〒141-0021
東京都品川区上大崎3丁目1-1 目黒セントラルスクエア
電話 03-5280-7537（内容・不良品等のお問い合わせ）
049-259-1236（販売）
印刷所　大日本印刷株式会社
　ISBN 978-4-07-454899-6

■本のご注文は、お近くの書店または主婦の友社コールセンター（電話0120-916-892）まで。
※お問い合わせ受付時間　月～金（祝日を除く）10:00～16:00
※個人のお客様からのよくある質問のご案内　https://shufunotomo.co.jp/faq/

※商品情報などは2023年6月現在のものです。